Frauke Koops

5 Jahres zeiten

Fotos
Ulrike Holsten

Herausgegeben von der Redaktion

Die Grundlage aller Food-Fotos: farbenfrohe Requisite – hier für die Beeren-Rezepte

INHALT

Vorwort — 6

Food-Stylistin Frauke Koops und Fotografin Ulrike Holsten inszenieren Essen – mit raffiniert einfachen Rezepten, mit Pinsel, Pinzette und Kamera

FRÜHJAHR — 10
Salate — 12
Teigwaren — 22
Kräuter — 34
Warenkunde — 43

SOMMER — 44
Krustentiere — 46
Warenkunde — 54
Beeren — 56
Warenkunde — 64
Helles Fleisch — 66

HERBST — 76
Seefische — 78
Warenkunde — 87
Herbstgemüse — 88
Warenkunde — 99
Dessertkuchen — 100

WINTER — 110
Braten — 112
Zitrusfrüchte — 120
Warenkunde — 131
Friandises — 132

5. JAHRESZEIT — 142
Eingemachtes — 144

Rezepte für eingelegte Früchte und Gemüse, Konfitüre und Essig

Register — 154
Die Sommeliers — 159
Impressum — 160

Bewertung der Weine:
○ Weißwein etwa 15-25 Mark   ○○ Weißwein etwa 25-80 Mark
● Rotwein etwa 15-25 Mark   ●● Rotwein etwa 25-80 Mark

Zu jedem Kapitel hat ein anderer Sommelier Wein empfohlen.
Die zehn Weinberater und -beraterinnen stellen wir auf Seite 159 vor.

Ein wasserblauer Untergrund bringt Seefische zum Leuchten (Fotos ab Seite 78)

VORWORT

Einen schöneren Platz zum Arbeiten hätte sich Food-Stylistin Frauke Koops kaum aussuchen können: ein lichtdurchflutetes Fachwerkhaus in Stiepelse an der Elbe, etwa 80 Kilometer östlich von Hamburg. Noch ist das Haus nicht vollständig renoviert, doch das Wichtigste, die Küche, steht schon, und daneben erstrecken sich großzügige, weiß getünchte Räume ohne Türen und Wände, die nur durch Holzpfeiler optisch ein wenig unterteilt sind.

Durch die Küche weht ein köstlicher Duft von Rotkohl und frisch gebackener Apfel-Tarte. In einer lichten Nische reckt sich Fotografin Ulrike Holsten auf einer Leiter und lässt ihre Kamera von oben auf eine Schale voller Wirsing-Risotto blicken, die auf einer grün angestrichenen Holzplatte steht. Frauke Koops legt mit einer großen Pinzette Schinkenscheiben in die Schüssel, zupft ein paar grüne Blättchen

Frauke Koops legt **Zutaten** wie zufällig in Position, schaut abwechselnd mit Ulrike Holsten durch die **Kamera**. Ihr Ziel: ein perfekt unperfektes Foto

aus dem Reisgericht hervor und rückt einen dicken Kohlkopf in den Hintergrund. Die Fotografin drückt auf den Auslöser für ein erstes Polaroid.

Ulrike Holsten und Frauke Koops sind ein eingespieltes Team, wenn es um sinnliche Food-Fotos geht. Für Frauen- und Kochzeitschriften, vor allem aber für das Gourmet-Magazin DER FEINSCHMECKER entwickelt Frauke Koops seit vielen Jahren Konzepte für Rezept-Strecken und inszeniert regelmäßig den „Koch des Monats".

VORWORT

Produktion und Styling kann man sich ausschließlich durch *learning by doing* aneignen. Frauke Koops ließ sich, nachdem sie die Frauenfachschule absolviert hatte, bei der Zeitschrift „Für Sie" zur Redaktionsassistentin ausbilden. Nach der Geburt ihrer drei Söhne nutzte Frauke Koops ihren guten Kontakt zu den ersten bekannten Food-Fotografen für eine selbstständige Arbeit – etwa für Frauenzeitschriften, Werbeagenturen und Filmgesellschaften.

Letzter Handgriff vorm Belichten: Garnelen mit einer **Pinzette** so in eine Schüssel setzen, als hätte sich ein unsichtbarer **Gast** gerade noch bedient

Ihr einzigartiges Talent liegt in der optischen Umsetzung von Rezepten. Die Konzeptionen zu einem Thema, sei es „Beeren" oder „Krustentiere", entwickelt Frauke Koops vor ihrem inneren Auge: „Ich überlege zuerst, welche Produkte vorkommen müssen, danach male ich mir die Rezepte optisch nach Farben und Formen aus", erklärt sie, „aber schmecken muss es natürlich auch." So entstehen Ideen für köstliche – und gut aussehende – Gerichte.

Bis zum Fototermin steht eine Menge Organisation an. Bildschöne Kochzutaten müssen eingekauft werden. Für die Requisite, also in Farbe und Beschaffenheit passende Schüsseln, Tischwäsche, Teller und Bestecke, sorgt meist die Hamburger Stylistin Kirsten Schmidt, ebenso für die farbigen Untergründe. An den Produktionstagen stehen dann auf einem großen Tisch alle Requisiten zum Zugreifen bereit, die Kochzutaten liegen gut gekühlt und in großzügig kalkulierten Mengen im Vorratsraum.

Ihre Rezepte kocht Frauke Koops beim Fototermin mit einer Assistentin nach, etwa mit Ute Ritter (im Foto; links). Dabei werden die Zutaten genau abgewogen, die Mengenangaben in den Rezepten eventuell korrigiert, damit auch später in den Küchen der Leser alles wie am Schnürchen klappt. Die fertigen Speisen richtet Frauke Koops mit der perfekt passenden Requisite so unbekümmert an, dass sie auf den Fotos zum Reinbeißen natürlich aussehen. Nichts

Beim Foto-Shooting niemals ohne: **Requisite** in Farben, die glänzend zum Thema passen, und **Assistenz** beim Zubereiten der Fotomodelle

wirkt drapiert oder gekünstelt. Mal scheint es, als habe sich ein unsichtbarer Gast schon aus der Schüssel bedient, mal dürfen, ganz lebensnah, auch Krümel mit aufs Bild oder ein abgeschleckter Löffel.

Ihre Styling-Werkzeuge setzt Frauke Koops nur maßvoll ein: Künstlerpinsel und Pinzette benutzt sie kurz vor der Belichtung zum In-Form-Zupfen und zum Betupfen mit Öl oder Wasser für einen Hauch von Glanz. Ist der letzte Handgriff getan und das Polaroid mit Ulrike Holsten eingehend diskutiert, kommen Kamera und Beleuchtung zum Einsatz. Ulrike Holsten zeichnet mit Licht und Schatten eine natürliche, atemberaubende Stimmung in ihre Fotos. Nach der letzten Belichtung probieren alle Beteiligten die bis dahin leider abgekühlten Gerichte.

Einige Rezeptfolgen des kreativen Duos sind bereits im FEINSCHMECKER erschienen. Zusammen mit neuen Kapiteln – und nach Jahreszeiten geordnet – servieren wir insgesamt rund 100 Rezepte in diesem Buch. Und in einer fünften – und ständigen – Saison geht's ans Eingemachte.

*Bettina Billerbeck,
Redakteurin DER FEINSCHMECKER*

Die letzten Vertreter des Winters – Chicorée, rote Bete und Kohlrabi – lassen sich bestens als **Salat** anrichten. Am besten mit dem ersten frischen Grün wie Sellerie, Rucola und Gurke. Simple Rezepte für **Teigwaren** ermutigen zum Selbermachen – die

Schmankerln mit Nocken und Nudeln locken Glücksgefühle hervor. Taufrische **Kräuter** kitzeln endlich unsere Gaumen aus dem Winterschlaf. Sauerampfer und Borretsch, Koriander und Minze sorgen für Pfiff in den Gerichten – und wir machen uns einen Lenz!

FRÜHJAHR

Dezentes Zwiebelaroma: erntefrischer Schnittlauch

SALATE
FRÜHJAHR

Knackige Frühjahrskollektion

Mit Rückenfilet vom Lamm: warmer Salat von gedünstetem Gemüse. Rezept auf Seite 14

SALATE FRÜHJAHR

Warmer Salat von gedünstetem Gemüse

Schwierigkeitsgrad: leicht
Zubereitungszeit: 25 Minuten

Zutaten für 4 Personen:
250 g Möhren, 500 g Kohlrabi, 1 Bund Lauchzwiebeln, 2 Essl. Keimöl, 200 g Lammrückenfilet, Salz, Pfeffer aus der Mühle, 2–3 Essl. Distelöl, 2 Essl. Zitronensaft, Schale einer halben unbehandelten Zitrone (in hauchfeine, lange Streifen geschnitten), Salz, Pfeffer aus der Mühle, 2 Essl. gehackte krause Minze

Zubereitung: Möhren und Kohlrabi schälen, stifteln. Lauchzwiebeln in fingerlange Stücke schneiden, längs teilen. Alles in Keimöl bissfest dünsten.
Lammrückenfilet in kleine Würfel schneiden und in der Pfanne kurz anbraten, salzen und pfeffern. Öl mit Zitronensaft und -schale verschlagen, salzen und pfeffern. Mit Lammfleisch und dem Bratenfond mischen. Lauwarmes Gemüse mit Fleisch, Marinade und Minze vermischen.

Anrichten: Salat auf vier Schalen verteilen. Dazu passt Weißbrot.

Weintipps: o 1999er Mußbacher Eselshaut Sauvignon blanc trocken, Weingut Weik, Neustadt, Pfalz
oo 1999er Polish Hill Riesling, Grosset, Auburn, South Australia, Australien

Rote Bete mit Fenchel und Feldsalat

Schwierigkeitsgrad: leicht
Zubereitungszeit: 20 Minuten

Zutaten für 4 Personen:
350 g gekochte rote Bete, 300 g Fenchel, 100 g Feldsalat, 150 g Vollmilchjogurt, 5 Essl. Nussöl, 1 Essl. gehackter Estragon, Salz, Pfeffer aus der Mühle, 4 Scheiben Graubrot, 2 Essl. Olivenöl, 100 g geriebener Parmesan, gestoßener schwarzer Pfeffer, 2 Päckchen Daikon-Kresse oder 100 g Alfalfa-Sprossen

Zubereitung: Rote Bete schälen, Fenchel putzen und beides in feine Scheiben schneiden. Feldsalat waschen und trockenschwenken. Jogurt, Nussöl, Estragon, Salz und Pfeffer verrühren. Brot mit Olivenöl beträufeln und mit Parmesan bestreuen. Mit Pfeffer würzen und unterm Grill rösten.

Anrichten: Salat auf vier tiefe Teller verteilen. Jeweils Sauce darüber geben und mit Kresse oder Alfalfa bestreuen. Geröstetes Brot dazu reichen.

Weintipps: o 1999er Scherzinger Batzenberg Chardonnay Spätlese trocken, Weingut Herbert Heinemann, Ehrenkirchen, Baden
oo 1997er Tokay Pinot gris Cuvée particulière, Gustave Lorentz, Bergheim, Elsass, Frankreich

Auf Wiedersehen, Winter!

Parmesan-Brot als herzhafte Beilage: rote Bete mit Fenchel und Feldsalat. Rezept links

SALATE
FRÜHJAHR

Erste Lichtblicke in zartem Grün

Weiße Tupfer aus Frischkäse: Chicorée-Salat mit Ricotta und Lauch. Rezept auf Seite 18

Mit Rauke und Radieschen: Kartoffelsalat aus ganzen Knollen und Ziegenkäse. Rezept auf Seite 18

SALATE FRÜHJAHR

Chicorée-Salat mit Ricotta

Schwierigkeitsgrad: leicht
Zubereitungszeit: 15 Minuten

Zutaten für 4 Personen:
350 g Chicorée, 250 g feste Champignons,
150 g Lauch, 3 Essl. Rotweinessig, 5 Essl. Keimöl,
250 g Ricotta, 2 Essl. Oregano, Salz,
Pfeffer aus der Mühle

Zubereitung: Chicorée in Blätter zerlegen, den bitteren Strunk herausschneiden. Champignons hobeln. Lauch in feine Ringe schneiden und kurz blanchieren, kalt abschrecken.

Anrichten: Zutaten auf eine Platte geben. Mit Essig und Öl beträufeln, Ricotta auf dem Salat verteilen. Mit Oregano, Salz und Pfeffer bestreuen.

Weintipps: ○ 1999er Merdinger Bühl Grauburgunder Spätlese trocken, Kalkbödele, Merdingen, Baden
○○ 1998er Ribolla Gialla, Livio Zorzettig, Premariacco, Friaul, Italien

Sardellensalat mit Kalbfleisch

Schwierigkeitsgrad: mittelschwer
Zubereitungszeit: 15 Minuten plus Marinier- und Bratzeit

Zutaten für 4 Personen:
200 g Frische Sardellen, 3–4 Essl. Olivenöl,
1 Essl. Meersalz, 1 Glas kleine Kapern (35 g netto),
1 unbehandelte Zitrone (in hauchdünne Scheiben geschnitten), Pfeffer aus der Mühle,
300 g Kalbsnuss, Salz, 250 g Staudensellerie,
1 geschälte Salatgurke (350 g), 2 hart gekochte Eier

Zubereitung: Sardellen in Filets zerteilen. Mit Olivenöl, Meersalz, Kapern und Zitronenscheiben mischen und pfeffern. Eine Stunde marinieren. Kalbfleisch salzen und pfeffern, 12–15 Minuten pro Zentimeter Dicke bei 200 Grad im Ofen garen. In feine Streifen schneiden. Sellerie und Gurke hobeln.

Anrichten: Alles in eine Schüssel geben. Mit gehacktem Ei bestreuen.

Weintipps: ○ 1999er Gavi Terrarossa, La Zerba, Tassarolo, Piemont, Italien
○○ 1998er Pouilly-Fumé Silex, Didier Dagueneau, Saint-Andelain, Loire, Frankreich

Kartoffelsalat mit Rauke

Schwierigkeitsgrad: leicht, Zubereitungszeit: 30 Minuten

Zutaten für 4 Personen:
600 g kleine, fest kochende Kartoffeln,
1 kleiner Lorbeerzweig, Salz, 4 klein geschnittene Stengel Schnittknoblauch (in Asienläden erhältlich),
0,1 l Olivenöl, Pfeffer aus der Mühle,
150 g geriebener Ziegenhartkäse, 1 Bund Radieschen, 130 g Rauke, Meersalz

Zubereitung: Kartoffeln mit Lorbeer in Salzwasser 20 Minuten garen. Kalt abschrecken und pellen. Noch warm mit Knoblauch, Olivenöl, Pfeffer und der Hälfte des geriebenen Käses mischen. Abkühlen lassen. Radieschen in Würfel und Stücke schneiden, Rauke zupfen.

Anrichten: Rauke und Kartoffelsalat in eine Schüssel geben. Restlichen Käse und etwas Meersalz aufstreuen.

Weintipps: ○ 1999er Granbazan Ambar Albariño, Agro de Bazán, Villanueva de Arosa, Rías Baixas, Spanien
○○ 1999er Saint-Véran, Château de Fuissé, Pierreclos, Mâconnais, Burgund, Frankreich

Grüne Welle mit Gartengemüse

Herzhafter Starter: Sardellensalat mit Kalbfleisch. Rezept links

SALATE FRÜHJAHR

Grapefruit-Salat mit gebratenem Steinbutt

Schwierigkeitsgrad: leicht
Zubereitungszeit: 30 Minuten

Zutaten für 4 Personen:
400 g Steinbuttfilet, Salz, Pfeffer aus der Mühle,
1½ Essl. Zitronensaft, 3 Essl. Öl,
2–3 rosa Grapefruits (geschält, etwa 380 g),
300 g Eisbergsalat, 250 g Kirschtomaten,
3 Stengel Dill, 150 g Sahne, 3–4 Spritzer
Worcestershire-Sauce, 2 Teel. grobkörniger
Dijon-Senf, 1–2 Spritzer Tabasco

Zubereitung: Steinbutt in Stücke teilen, salzen, pfeffern und mit Zitrone würzen. In heißem Öl auf beiden Seiten jeweils etwa 2 Minuten braten. Lauwarm abkühlen lassen.

Grapefruits schälen und in Filets, Eisbergsalat in Streifen schneiden. Kirschtomaten mit kochendem Wasser überbrühen, kalt abschrecken und häuten. Dill zupfen. Sahne mit Worcestershire-Sauce, Senf, Tabasco, Salz und Pfeffer würzig abschmecken.

Anrichten: Gemüse auf einer Platte arrangieren. Mit Fisch und Dill belegen und mit Salatsauce beträufeln.

Weintipps: o 1999er Burrweiler Schäwer Riesling Kabinett trocken, Weingut Meßmer, Burrweiler, Pfalz
oo 1998er Puligny-Montrachet Clavoillon Premier Cru, Domaine Leflaive, Puligny-Montrachet, Burgund, Frankreich

Rotkohlsalat mit Koriander

Schwierigkeitsgrad: leicht
Zubereitungszeit: 35 Minuten

Zutaten für 4 Personen:
60 g Bulgur (geschroteter und vorgekochter Hartweizen), 0,1 l frisch gepresster Orangensaft,
250 g Rotkohl, ½ rote Zwiebel, ½ Tasse gezupfte Korianderblätter, 1 Teel. Honig, 2 Essl. Balsamico,
5 Essl. Olivenöl, 1 zerdrückte kleine Knoblauchzehe, ½ Teel. Dijon-Senf,
160 g gekochter Schinken in dünnen, etwa handtellergroßen Scheiben

Zubereitung: Den Bulgur 1–2 Minuten blanchieren. In einem Sieb gut abtropfen lassen und in eine Schüssel geben. Orangensaft siedend erhitzen und über den Bulgur gießen. Nach etwa 30 Minuten ist die Flüssigkeit aufgenommen. Rotkohl in sehr feine Streifen schneiden, Zwiebel fein hacken und mit Koriander und dem Bulgur mischen. Honig, Essig, Öl, Knoblauch und Senf verschlagen. Zum Salat geben und alles behutsam mischen. Schinken in einer Pfanne kurz anbraten.

Anrichten: Salat in eine Schüssel geben, Schinken dazulegen.

Weintipps: o 1999er Eirnauer Kirchhalde Müller-Thurgau Qualitätswein trocken, Max Markgraf von Baden, Salem, Baden
oo 1999er Grauer Burgunder Qualitätswein, Weingut Johner, Vogtsburg-Bischoffingen, Baden

Mit rotem Kopf und Koriander

Etravagante Mischung: Bulgur, Rotkohl und Schinken. Rezept links

TEIGWAREN
FRÜHJAHR

Köstliche Glücksbringer

Rustikal gefüllt: Blutwursttaschen mit Parmesan. Rezept auf Seite 24

TEIGWAREN FRÜHJAHR

Blutwursttaschen mit Parmesan

Schwierigkeitsgrad: mittelschwer
Zubereitungszeit: 1¼ Stunden

Zutaten für 12 Taschen:

300 g Mehl, 3 Eier, Salz, 1 fein geschnittene Lauchzwiebel, 1 Teel. Butter, 1 Teel. gehackter Oregano, ½ Teel. gezupfter Thymian, 250 g gewürfelte magere Blutwurst (Rotwurst), Pfeffer aus der Mühle, 1 verquirltes Ei, 100 g gebräunte gesalzene Butter, 50 g geriebener Parmesan

Zubereitung: Mehl, 3 Eier und Salz zu einem elastischen Teig verkneten. Mit Folie abdecken. Im Kühlschrank 30 Minuten ruhen lassen. Lauchzwiebel in Butter mit Oregano und Thymian anschwitzen. Blutwurst hinzufügen, erhitzen, mit Salz und Pfeffer würzen. Abkühlen lassen.

Nudelteig halbieren, daraus zwei dünne Teigplatten ausrollen. Eine Platte mit verquirltem Ei bestreichen. 12 gehäufte Teel. Füllung in genügend großen Abständen darauf setzen. Zweite Nudelplatte von der Mitte zum Rand hin auflegen. Zwischenräume fest andrücken. Mit einem Teigrad 12 Taschen ausradeln. Jeweils zwei gegenüberliegende Teigecken in der Mitte zusammendrehen.

In kochendem Salzwasser 5 Minuten kochen. Herausheben, abtropfen lassen. In heißer gebräunter Butter schwenken.

Anrichten: Sofort aus der Pfanne auf vier vorgewärmte Teller verteilen. Mit Parmesan bestreuen.

Weintipps: •1997er Pinot noir Côte Auxerrois Cuvée Corps de Garde, Domaine Ghislaine et Jean-Hugues Goisot, Saint-Jean-de-Vineux, Burgund, Frankreich
••1998er Pic Saint-Loup Jamais Content, Mas de Mortiès, Saint-Jean-de-Cuculles, Languedoc-Roussillon, Frankreich

Mehlteignocken mit Pancetta und Rucola

Schwierigkeitsgrad: leicht
Zubereitungszeit: 1¼ Stunden

Zutaten für 4 Personen:

250 g Mehl, 0,25 l Milch, 2 Eier, Salz, 40 g Butter, 2 gewürfelte Brötchen vom Vortag, 2 Essl. Olivenöl, 200 g gewürfelte Pancetta (italienischer Schinkenspeck), 2 gehackte Knoblauchzehen, 200 g geputzte, in Streifen geschnittene Rucola (Rauke), 1 entkernte, gewürfelte Tomate, ¼ Teel. gestoßener schwarzer Pfeffer

Zubereitung: Mehl, Milch, Eier und Salz zu einem glatten Teig rühren. Butter in einer Pfanne erhitzen, Brötchenwürfel darin rösten. In den Teig rühren, 30 Minuten im Kühlschrank ruhen lassen. Salzwasser zum Kochen bringen. Mit 2 Esslöffeln Nocken aus dem Teig abstechen, ins Wasser gleiten lassen. Im geschlossenen Topf etwa 20 Minuten garen, herausheben, abtropfen lassen. Olivenöl erhitzen. Pancetta und Knoblauch darin rösten. Rucola und Tomate hinzufügen. Kurz durchschwenken. Mit Salz und Pfeffer würzen.

Anrichten: Nocken und Beilagen auf vier vorgewärmte Teller verteilen.

Weintipps: ○ 1999er Langenloiser Seeberg Riesling, Fred Loimer, Langenlois, Kamptal, Österreich
○○ 1998er Camparano Fiano di Avellino, Feudi di San Gregorio, Sorbo Serpico, Kampanien, Italien

Herzhafte Grüße aus Italien

Farbenfroh: Mehlteignocken mit Pancetta und Rucola. Rezept links

TEIGWAREN
FRÜHJAHR

Einfach mal Ribele rieseln lassen!

Die süddeutschen Ribele (auch: Riebele) werden aus getrocknetem Nudelteig gerieben – etwa in Suppe

Die Avantgarde vom Lande: Rote-Bete-Bouillon mit Ribele. Rezept auf Seite 28

TEIGWAREN – FRÜHJAHR

Ribele in Rote-Bete-Bouillon

Schwierigkeitsgrad: leicht
Zubereitungszeit: 1 Stunde

Zutaten für 4 Personen:

250 g Mehl, 2 Eier, 2 Eigelb, Salz, 200 g gekochte, geschälte rote Bete, 1 l Fleisch- oder Gemüsefond, 1 Bund Schnittlauch, 75 g Crème fraîche

Zubereitung: Mehl, Eier, Eigelb und Salz zu einem festen Teig verkneten. 30 Minuten im Kühlschrank ruhen lassen. Auf einer Rohkostreibe raffeln und etwas antrocknen lassen. Rote Bete auf dem Trüffel- oder Gemüsehobel in feine Scheiben hobeln. Fleischfond zum Sieden bringen. Teigribele 5 Minuten darin kochen, rote Bete danach kurz darin erhitzen.

Anrichten: Suppe auf vier vorgewärmte tiefe Teller verteilen. Mit Schnittlauchröllchen bestreuen oder mit ganzem Schnittlauch verzieren. Crème fraîche dazu reichen.

Weintipps: • 1999er Merdinger Bühl Spätburgunder Qualitätswein trocken, Weinhaus Joachim Heger, Ihringen, Kaiserstuhl, Baden
•• 1997er Pinot noir Santa Maria Valley Byron Vineyard & Winery, Santa Maria, Santa Barbara, Kalifornien, USA

Gemüsestrudel mit Schnittlauchrahm

Schwierigkeitsgrad: mittelschwer
Zubereitungszeit: 1 Stunde plus 1 Nacht Ruhezeit

Zutaten für 4–6 Personen:

250 g Weizenmehl, 120 ml lauwarmes Wasser, 5 Essl. Pflanzenöl, Salz, Mehl zum Ausrollen, 600 g geputztes, klein geschnittenes und blanchiertes Gemüse der Saison (z. B. Bohnen, Zuckerschoten, Karotten, Spargel, Kohlrabi, Pilze), 150 g Crème fraîche, 4 Eigelb, 250 g Schnittlauchrahm (Schmand mit Salz und Schnittlauch)

Zubereitung: Mehl, Wasser, 3 Essl. Öl und 1 Teel. Salz zu einem glatten Teig verarbeiten. Mit 1 Essl. Öl bepinseln, über Nacht im Kühlschrank ruhen lassen. Strudelteig auf bemehltem Küchentuch ausrollen. Über dem Handrücken hauchdünn ausziehen. Auf das Tuch legen, dicke Ränder abschneiden. Es soll ein Rechteck von 60 x 50 cm entstehen. Gemüse salzen. Crème fraîche und Eigelb verrühren, mit dem Gemüse mischen. Teig mit Gemüse belegen, sodass rundum ein 5–6 cm breiter Rand bleibt. Teigränder über die Füllung in der Mitte zusammenlegen. Mit Hilfe des Tuchs von der langen Seite her locker aufrollen und auf ein mit Backpapier ausgelegtes Blech legen. Mit restlichem Öl bestreichen. Im auf 250 Grad vorgeheizten Backofen etwa 10 Minuten goldbraun backen. Strudel mit einem scharfen Messer in nicht zu dünne Scheiben schneiden.

Anrichten: Heiß oder kalt servieren. Schnittlauchrahm dazu reichen.

Weintipps: ○ 1999er Königsbacher Ölberg Riesling Spätlese trocken, Christmann, Neustadt, Pfalz
○○ 1999er Iphöfer Julius Echter Berg Silvaner Spätlese trocken „S", Hans Wirsching, Iphofen, Franken

Ein vegetarisches Vergnügen

Gesund und gut verpackt: Gemüsestrudel mit Schnittlauchrahm. Rezept links

TEIGWAREN — FRÜHJAHR

Kräuter-Ravioli mit Lachs und Ziegenkäse

Schwierigkeitsgrad: mittelschwer
Zubereitungszeit: 1 Stunde inklusive Ruhezeit

Zutaten für 4 Personen (10–12 Ravioli):

Teig: 300 g Mehl, 3 Eier, 2 Essl. Olivenöl, Salz, 2 Essl. Kerbel (gezupft und gehackt)

Füllung: 300 g Lachsfilet, 100 g Ziegenfrischkäse, 3 Teel. Zitronensaft, Pfeffer, Salz, 1/2 Bund gehackte glatte Petersilie

Sauce: 80 g Ziegenfrischkäse, 0,1 l Gemüsefond, 0,1 l Sahne, 2 Essl. Basilikum (gehackt), Salz, Pfeffer

Zubereitung: Zutaten für den Teig zu einem elastischen Nudelteig kneten. In Frischhaltefolie wickeln und 30 Minuten ruhen lassen. Lachs zerkleinern. Mit Ziegenkäse, Zitronensaft, Pfeffer, Salz und Petersilie zu einer Farce verarbeiten.

Teig halbieren. Jeweils dünn ausrollen. Die Füllung in Häufchen in gleichmäßigem Abstand auf eine Nudelplatte setzen. Die Zwischenräume mit kaltem Wasser bepinseln, mit der zweiten Teigplatte bedecken und die Ränder fest andrücken. Rund ausstechen. Für die Sauce Ziegenkäse, Gemüsefond und Sahne erhitzen und etwas reduzieren. Basilikum zufügen und mit Salz und Pfeffer würzen.

Ravioli in kochendem Salzwasser 2–3 Minuten kochen. Herausheben, abtropfen lassen und mit der Sauce mischen.

Anrichten: Ravioli auf vier Teller verteilen und mit Sauce begießen.

Weintipps: o 1999er Iphöfer Kronsberg Scheurebe Spätlese trocken, Johann Ruck, Iphofen, Franken
oo 1999er Sauvignon blanc, Buitenverwachting, Constantia, Südafrika

Weinnudeln mit dreierlei Dips

Schwierigkeitsgrad: leicht
Zubereitungszeit: 45 Minuten

Zutaten für 4 Personen:

Teig: 0,375 l Milch, 1 Essl. Zucker, 1 Msp. Salz, 30 g Butter, 200 g Grieß, 0,125 l Weißwein (mit wenig Säure), 2 Eier

Zubereitung: Milch, Zucker, Salz und Butter aufkochen. Von der Herdplatte nehmen. Grieß einrieseln lassen. Wein unter Rühren hinzufügen, weiterrühren, bis ein fester Teig entstanden ist. Eier nacheinander hinzufügen. Den Teig erkalten lassen. Halbieren und zu 2 Strängen rollen. Jeden Strang in 16 Stücke schneiden, zu Kugeln rollen, dann zu fingerlangen Schupfnudeln formen.

Panade: 50 g Mehl, 3 Eier (leicht gesalzen und mit 2 Essl. Milch verquirlt), 200 g Semmelbrösel, 100 g Butter zum Braten

Zubereitung: Schupfnudeln nacheinander in Mehl, Eiern und Semmelbröseln wenden. Bei mittlerer Hitze in Butter rundum goldbraun braten.

Zum Dippen: Ahornsirup, Fruchtpüree, Zuckersirup

Anrichten: Heiße Schupfnudeln mit drei Dips servieren.

Weintipps: o 1999 Bötzinger Auxerrois Kabinett trocken, Schambachhof, Bötzingen, Baden
oo 1999er Fellbacher Lämmler Chardonnay** Qualitätswein trocken, Gerhard Aldinger, Fellbach, Württemberg

Fingerfood mit Schwips

Drei Farben zur Auswahl: Weinnudeln zum Dippen. Rezept links

TEIGWAREN
FRÜHJAHR

Spätzle mit Käse und Oregano
Schwierigkeitsgrad: leicht
Zubereitungszeit: 40 Minuten

Zutaten für 4 Personen:

200 g Weizenmehl (Typ 405), 50 g Dinkelmehl, 2 Essl. gehackter frischer Oregano (ersatzweise frischer Majoran), 2 Eier, 100 g Frischkäse, ½–1 Teel. Salz, 0,1 l Wasser, 400 g geputzter Blattspinat, 2 Essl. Olivenöl, 1 gehackte Knoblauchzehe, frisch geriebener Parmesan

Zubereitung: Mehl und Dinkelmehl mit Oregano, Eiern, Käse, Salz und Wasser zu Teig verarbeiten. In kochendes Salzwasser zu Spätzle schaben (siehe Tipp unten). Wenn sie an die Oberfläche steigen, mit einem Schaumlöffel herausheben. In einem Sieb durch heißes Salzwasser ziehen, gut abtropfen lassen.

Spinat blanchieren, abtropfen lassen. Öl erhitzen. Knoblauch darin rösten. Spinat zufügen und erhitzen. Mit den Spätzle mischen. Alles mit Parmesan bestreuen.

Spätzle in Salbeibutter
Schwierigkeitsgrad: leicht
Zubereitungszeit: 30 Minuten

Zutaten für 4 Personen:

250 g Mehl, 3 Eier, 1 Teel. Salz, 0,125 l Wasser, 40 g Butter, 2 Essl. Olivenöl, 10–12 Salbeiblätter, schwarzer Pfeffer aus der Mühle

Zubereitung: Mehl, Eier, Salz und Wasser mit dem Knethaken zu Teig verarbeiten, bis er Blasen wirft. In kochendes Salzwasser zu Spätzle schaben. Wenn die Spätzle an die Oberfläche steigen, mit einem Schaumlöffel herausheben. In einem Sieb durch sauberes, heißes Salzwasser ziehen, gut abtropfen lassen.

Butter und Öl in einer Pfanne erhitzen. Salbei bei mittlerer Hitze darin rösten. Spätzle hinzufügen, darin schwenken. Mit Pfeffer abschmecken.

Leberspätzle mit Kopfsalat
Schwierigkeitsgrad: mittelschwer
Zubereitungszeit: 40 Minuten

Zutaten für 4 Personen:

Leberspätzle: 250 g von Haut und Sehnen befreite, gewürfelte Kalbsleber, 2 gewürfelte rote Zwiebeln (70 g), 250 g Mehl, 2 Eier, 2½ Teel. Salz, Pfeffer aus der Mühle, frisch geriebener Muskat, 0,1 l Wasser, 3 Essl. gehackte Petersilie, 100 g Butter

Zubereitung: Leber und Zwiebeln im Blitzhacker pürieren. Mehl, Eier und Salz hinzufügen. Kräftig mit Pfeffer und Muskat würzen. Falls nötig, Wasser hinzufügen. Teig so lange durcharbeiten, bis er Blasen wirft. Zum Schluss die Petersilie unterkneten.

Teig in kochendes Salzwasser zu Spätzle schaben. Wenn die Spätzle an die Oberfläche steigen, mit einem Schaumlöffel herausheben. In einem Sieb durch heißes Salzwasser ziehen, gut abtropfen lassen. In einer Pfanne Butter zerlassen und Spätzle darin schwenken.

Salat: 100 g Sahne, Saft von ½ Zitrone, ½ Teel. Zucker, 1 Prise Salz, schwarzer Pfeffer aus der Mühle, 1 geputzter, zerpflückter Kopfsalat

Zubereitung: Sahne mit Zitrone, Zucker, Salz und Pfeffer verquirlen. Salat in der Sauce wenden.

Tipp: Zum Spätzleschaben den Spätzleteig portionsweise auf ein kalt abgespültes Brett geben. Mit einem breiten Messer dünne Streifen ins kochende Salzwasser schaben.

Hier gibt's was auf die Löffel

Bodenständig: Spätzle als Beilage. Rezepte rechts

KRÄUTER
FRÜHJAHR

Grüne Aromatherapie

Meisterstücke mit Sauerampfer: Wein-Sahne-Gelee mit Huhn und Scampi. Rezept auf Seite 36

KRÄUTER FRÜHJAHR

Wein-Sahne-Gelee mit Huhn und Scampi

Schwierigkeitsgrad: mittelschwer
Zubereitungszeit: 1 Stunde plus
3 Stunden Gelierzeit

Zutaten für 4 Personen:
0,25 l trockener Weißwein, 0,25 l Hummerfond,
1 Essl. Zitronensaft, Salz, weißer Pfeffer aus
der Mühle, 400 g Hähnchenbrustfilet,
10 Blatt weiße Gelatine, 150 g Crème fraîche,
je 1 Bund Sauerampfer, Dill und Kerbel,
150 g gekochte und halbierte Scampi,
Sauerampferblätter zum Verzieren

Zubereitung: Wein, Hummerfond und Zitronensaft mischen. Mit Salz und Pfeffer abschmecken. Davon ein Drittel abnehmen, erhitzen. Brustfilets darin 6–8 Minuten pochieren. Herausnehmen, fein würfeln. Gelatine in kaltem Wasser einweichen, ausdrücken, im heißen Fond auflösen. Mit restlichem Fond und Crème fraîche mischen.
4 Formen (je 0,3 l Inhalt) kalt ausspülen. Gelatinefond 1½ cm hoch einfüllen. Im Kühlfach gelieren lassen. Fein gezupfte Kräuter, Hähnchenbrust und Scampi abwechselnd in die Formen schichten. Mit restlichem Gelatinefond begießen. 3 Stunden gekühlt gelieren lassen.

Anrichten: Förmchen kurz in heißes Wasser halten. Gelee stürzen, mit Sauerampfer verzieren.

Weintipps: ○ 1998er Piesporter Goldtröpfchen Riesling Spätlese trocken, Weingut Reinhold Haart, Piesport, Mosel
○○ 1999er Riesling Lawson's Dry Hill, Blenheim, Marlborough, Neuseeland

Möhrensuppe mit Koriander

Schwierigkeitsgrad: leicht
Zubereitungszeit: 40 Minuten

Zutaten für 4 Personen:
100 g geschälte, grob gehackte Schalotten,
1 gehackte Knoblauchzehe, 4 Essl. Butter oder Öl,
600 g geschälte, in grobe Stücke geschnittene
junge Möhren, 0,8 l heißer, kräftiger Hühnerfond,
1 Essl. Honig, Pfeffer aus der Mühle,
1 Essl. Limettensaft, 200 g Sauerrahm (24 Prozent
Fett), Salz, 1 in hauchdünne Scheiben
geschnittene Limette, Blättchen von
1 Bund Koriander

Zubereitung: Schalotten und Knoblauch in Butter oder Öl anschwitzen. Möhren zufügen, kurz mit anschwitzen. Mit Hühnerfond auffüllen, Möhren in 25 Minuten weich kochen. Gemüse herausheben, mit 2–3 Essl. des Fonds im Mixer pürieren. Zurück in den Fond geben. Mit Honig, Pfeffer und Limettensaft abschmecken. 100 g Sauerrahm einrühren. Mit Salz abschmecken.

Anrichten: Suppe mit Limettenscheiben und Korianderblättchen belegen. Restlichen Sauerrahm (100 g) in einem Schälchen dazu reichen.

Tipp: Die Suppe kann mit Hühnerbrühe weiter verdünnt werden.

Weintipps: ○ 1999er Mentou-Salon, Pascal Jolivet, Sancerre, Loire, Frankreich
○○ 1999er Sauvignon blanc, Mulderbosch Vineyards, Stellenbosch, Südafrika

Kräuterzauber mit Koriander

Zum Schluss ein Spritzer Limette: Möhren-Koriander-Suppe. Rezept links

KRÄUTER
FRÜHJAHR

Crostini mit gekräuterter Rohkost

Schwierigkeitsgrad: leicht
Zubereitungszeit: 20 Minuten

Zutaten für 4 Personen:

½ Salatgurke (geschält und entkernt), Salz, 1 große Karotte (80 g), Pfeffer aus der Mühle, je 1 Essl. Borretsch, Petersilie und Schnittlauch (gehackt), 1½ Essl. frisch geriebener Parmesan, 1½ Essl. geriebene Erdnüsse (gesalzen), 8–12 geröstete Brotscheiben

Zubereitung: Salatgurke und geschälte Karotte raffeln. Gurke mit etwas Salz bestreuen. Etwa 5 Minuten stehen lassen. Aus den Gurken mit der Hand das Wasser etwas herausdrücken. Gurke und Karotte mischen. Mit Pfeffer, gehackten Kräutern, Parmesan und Erdnüssen mischen. Eventuell mit Salz nachwürzen.

Anrichten: Gemüsemischung auf die gerösteten Brotscheiben häufen und sofort servieren.

Grüner Salat mit Portulak

Schwierigkeitsgrad: leicht
Zubereitungszeit: 15 Minuten

Zutaten für 4 Personen:

1 kleiner Kopfsalat oder 3 Salatherzen, 150 g Portulak, 250 g Cherry-Tomaten, 2 Essl. Weißweinessig, je 1 Essl. gehackte Zitronenmelisse und geschnittener Schnittlauch, 2 Prisen Zucker, 4 Essl. Keimöl, ½ Bund glatte Petersilie

Zubereitung: Kopfsalat und Portulak waschen und in der Salatschleuder trocknen. Kopfsalat in Scheiben schneiden. Mit Portulak und halbierten Tomaten in eine Schale geben. Essig, Kräuter, Zucker und Öl zu einer Vinaigrette verrühren. Mit dem Salat mischen.

Anrichten: Salat mit gezupfter Petersilie bestreuen.

Kräuterkäse mit geriebenen Mandeln

Schwierigkeitsgrad: leicht, Zubereitungszeit: 15 Minuten

Zutaten für 4 Personen:

250 g Schichtkäse, 200 g Frischkäse, 3 Essl. geriebene Mandeln, 2 zerdrückte Knoblauchzehen, 2 Essl. dünner Schnittlauch, je 2 Essl. gehackte Minze und glatte Petersilie, 1 Essl. geschnittener Estragon, Salz, Tabasco, Olivenöl zum Beträufeln

Zubereitung: Schichtkäse über Nacht auf einem Sieb abtropfen lassen oder die Feuchtigkeit durch ein Küchentuch ausdrücken. Mit Frischkäse, Mandeln, Knoblauch und Kräutern vermengen. Mit Salz und Tabasco pikant abschmecken.

Anrichten: Käse mit einem Eisportionierer zu Kugeln oder mit einem Esslöffel zu Nocken formen. In eine Schale legen und mit Olivenöl beträufeln. Dazu passt geröstetes Schwarzbrot.

Weintipps für alle drei Gerichte:
○ 1999er Ritterhalde Grauer Burgunder Spätlese trocken, Schloss Rheinburg, Gailingen, Baden
○○ 1999er St. Saphorin „Chenin & Chasselas", Edition Louis-Philippe Bovard, Cully, Lavaux, Schweiz

Frühlingsfrische Vesperplatte

Grünes Licht für Gäste: Salat mit Portulak, Crostini mit Rohkost, Kräuterkäse. Rezepte links

KRÄUTER
FRÜHJAHR

Es muss nicht immer Kaviar sein

Verführerisch: Wildkräuter-Blini mit gebeiztem Lachs. Rezept auf Seite 42

Kombination in Silber und Pink: Kräuter-Sardellen. Rezepte auf Seite 42

KRÄUTER FRÜHJAHR

Blini mit Wildkräutern

Schwierigkeitsgrad: mittelschwer
Zubereitungszeit: 2 Stunden plus
1 Nacht zum Beizen

Zutaten für 4 Personen:

350 g Lachsfilet ohne Haut und Gräten (ersatzweise Lachsforelle oder Saibling), Meersalz, Pfeffer aus der Mühle, 1 Teel. gemahlener Koriander, abgeriebene Schale von 1 Zitrone, 100 g fein gezupfte Wildkräuter (Brennnessel, Brunnenkresse, Bärlauch, ersatzweise Schnittknoblauch), 25 g Hefe, 1 Teel. Zucker, 60 g Mehl, 30 g Buchweizenmehl, 2 Eier, Pflanzenöl zum Braten, 200 g Sauerrahm (24 Prozent Fett), 1 Essl. Zitronensaft

Zubereitung:
Lachs mit der Hautseite nach unten auf Klarsichtfolie legen. Mit Salz, Pfeffer, Koriander und Zitronenschale würzen. Die Hälfte der Kräuter auf dem Fisch verteilen, das Filet längs zusammenklappen. Fest in die Folie einwickeln, über Nacht gekühlt ruhen lassen.

Hefe mit Zucker und 0,125 l warmem Wasser verrühren. Mit Mehl, Buchweizenmehl, Eiern und Salz zu einem glatten Teig verarbeiten. Mit einem Tuch bedecken und an einem warmen Ort 45 Minuten zum doppelten Volumen gehen lassen. Restliche Wildkräuter unterheben, weitere 30 Minuten gehen lassen.

Öl in einer Pfanne erhitzen. Aus dem Teig kleine, goldbraune Blini backen. In einer Serviette warm halten, bis der Teig verbraucht ist. Sauerrahm mit Salz, Pfeffer und Zitronensaft verrühren. Lachs aus der Folie wickeln, schräg in etwa 1 cm dicke Scheiben schneiden.

Anrichten:
Blini mit Sauerrahm bestreichen und mit Lachs belegen.

Weintipps:
○ Manzanilla Sherry „Papirusa", Bodegas Emilio Lustau, Jerez, Spanien
○○ Champagner Gosset „Grand Reserve", Aÿ, Champagne, Frankreich

Kräuter-Sardellen

Schwierigkeitsgrad: leicht
Zubereitungszeit: 30 Minuten

Zutaten für 4 Personen:

500 g frische Sardellen (ersatzweise Sardinen oder Sprotten), Meersalz, Pfeffer, 150 g in feine Scheiben geschnittene rote Zwiebeln, 4 Essl. Olivenöl, 0,2 l Weißwein, ½ Essl. gehacktes Fenchelgrün, 1 Teel. gestoßene Korianderkörner, ½ Essl. gehacktes Koriandergrün, 2 gehackte kleine Lorbeerblätter, 0,1 l Zitronensaft, Koriandergrün zum Garnieren

Zubereitung:
Sardellen von Kopf und Innereien befreien. Waschen, abtropfen lassen. Sardellen in einer ofenfesten Form nebeneinander auslegen. Mit Salz und Pfeffer bestreuen.

10 Minuten im Ofen bei 200 Grad backen, herausnehmen. Zwiebeln in Öl anschwitzen. Mit Wein ablöschen. Fenchelgrün, gestoßene Korianderkörner, Koriandergrün und Lorbeer zufügen und aufkochen. Mit Zitronensaft mischen und über die Sardellen gießen.

Anrichten:
Mit Korianderblättchen bestreuen. Dazu passt frisches Fladen- oder Weißbrot.

Weintipps:
○ 1998er Bien Nacido Vineyard Chardonnay, Au Bon Climat, Los Olivos, Santa Barbara, Kalifornien, USA
○○ 1998er Burkheimer Feuerberg Grauburgunder Spätlese trocken, Weingut Bercher, Vogtsburg-Burckheim, Baden

KRÄUTER

Dill

Minze

Estragon

Gartenkresse

Zusammen mit Zucker und Salz ist D i l l die klassische Zutat für Graved Lachs. Das Kraut passt gut zu Fisch, Meeresfrüchten und Gurken. In der orientalischen Küche würzt M i n z e Lamm- und Ziegenspezialitäten. Auch Desserts lassen sich mit den erfrischenden Blättchen krönen. E s t r a g o n ist eine traditionelle Zutat in der französischen Küche. Er gibt der Sauce béarnaise, aber auch Senf und Essig eine süßlich-würzige Note. Die pikant-scharfe und leicht bittere G a r t e n k r e s s e schmeckt gut zu Salat oder Quark.

Endlich wieder draußen essen – zum Beispiel feine **Krustentiere** nach unkomplizierten Rezepten: Hummer mit Bärlauch und Garnelen vom Grill. Die Zeit ist reif für **Beeren** in all ihren Formen und Farben. Aus den kleinen Früchten werden große Verführer – gut gebettet in Torte, Kuchen oder Knödel.

SOMMER

Herrlich leicht an warmen Tagen schmeckt **helles Fleisch** von Geflügel, Kaninchen und Kalb. Ganz einfach mit viel Kräutern und Gemüse zubereitet und eindrucksvoll von Frauke Koops in Szene gesetzt.

Erfrischender Sommergenuss: rote und grüne Stachelbeeren

KRUSTENTIERE
SOMMER

Auf die Schnelle etwas Luxus

Fertig in 20 Minuten: Hummer mit Brunnenkresse. Rezept auf Seite 48

46 | 47

KRUSTENTIERE — SOMMER

Hummer mit Brunnenkresse

Schwierigkeitsgrad: leicht
Zubereitungszeit: 20 Minuten

Zutaten für 4 Personen:
Für die Marinade: 4 Essl. Balsamico,
2 Essl. brauner Zucker, 2 Essl. trockener Weißwein,
1 Essl. in feine Streifen geschnittene
Zitronenschale, 40 g grob gehackte Brunnenkresse
Hummer: 4 frische Hummerschwänze (evtl.
tiefgekühlt, je 120 g), 3 Essl. Öl

Zubereitung: Zutaten für die Marinade mischen. Hummerschwänze für 2 Minuten in kochendes Wasser geben. Hummerfleisch aus der Schale lösen und das Fleisch in dicke Medaillons schneiden. Hummer 30 Minuten kühl marinieren.
Medaillons aus der Marinade heben, abtropfen lassen. In 2 Essl. heißem Öl von beiden Seiten etwa 1–2 Minuten braten. Kresse aus der Marinade nehmen. Marinade leicht einkochen und mit dem restlichen Essl. Öl mischen.

Anrichten: Hummer auf vier vorgewärmte Teller verteilen. Marinade und Kresse zum Würzen getrennt reichen. Dazu passt frisches Weißbrot.

Weintipps: ○ 1998er Chardonnay, GIA, Eger, Ungarn
○○ 1998er Viognier/Marsanne, Mer & Soleil Vineyard, Treana Winery, Paso Robles, Kalifornien, USA

Überbackene Taschenkrebse

Schwierigkeitsgrad: mittelschwer
Zubereitungszeit: 45 Minuten

Zutaten für 4 Personen (als Vorspeise):
Krebse: 4 lebende Taschenkrebse (je 400 g),
1 Bund gemischte frische Kräuter
(Dill, Kerbel, Petersilie), 1 Likörglas Armagnac
Sauce: 2 Essl. Butter, 1 Essl. Mehl,
0,125 l Milch, 2 Eigelb, 5 Essl. geriebener
Parmesan, 2 steif geschlagene Eiweiß,
2 Essl. gemischte gehackte Kräuter (Dill, Kerbel,
Petersilie), Salz, 1 Prise Cayennepfeffer

Zubereitung: Taschenkrebse in 2 l kochendes Wasser geben und mit dem Kräuterbund 12 Minuten kochen. Herausheben, kalt abschrecken. Körper aufbrechen, Innereien entfernen, Fleisch herauslösen. Die Schalen ausspülen und beiseite stellen. Scheren anknacken, das Fleisch herauslösen und mit dem Fleisch aus den Schalen in Armagnac marinieren.
1 Essl. Butter zerlassen, bis sie schäumt. Das Mehl einrühren und mit Milch ablöschen. Eigelb in die Mehlschwitze rühren, damit sie bindet. Nicht mehr kochen. 3 Essl. Parmesan, Eischnee und Kräuter locker unterheben. Mit Salz und Cayennepfeffer abschmecken.
Das marinierte Fleisch in die Krebsschalen füllen, mit Sauce bedecken. Mit Butterflöckchen belegen, mit dem restlichen Parmesan bestreuen. Bei 200 Grad 15–17 Minuten im Ofen überbacken.

Anrichten: Krebsschalen auf Teller legen und sofort servieren.

Tipp: Für ein Hauptgericht 8 Krebse zubereiten, Zutaten verdoppeln.

Weintipps: ○ 1999er Neumagener Rosengärtchen Riesling Auslese trocken, Heinz Schmitt, Leiwen, Mosel-Saar-Ruwer
○○ 1998er Semillion, Château Julia, Domaine Constantin Lazaridi, Adriana, Drama, Thrakien, Griechenland

Überbacken fein in Schale

Natürliche Gratinform: Taschenkrebse mit Parmesan-Kruste. Rezept links

KRUSTENTIERE
SOMMER

Schwänze von Bärenkrebsen

Schwierigkeitsgrad: leicht
Zubereitungszeit: 15 Minuten plus Marinierzeit

Zutaten für 4 Personen:

1 kg frische Bärenkrebsschwänze (evtl. tiefgekühlt)

Für die Marinade: 125 g dunkler Honig, 70 g Tomatenmark, 5–6 Essl. Olivenöl, 2 Essl. grob gehacktes frisches Bohnenkraut, 1 Zweig grob gehackter Rosmarin, Pfeffer aus der Mühle, 1 Essl. Senfpulver, 4–5 Spritzer Tabasco, Salz

Zubereitung: Krebsschwänze auslösen. Zutaten für die Marinade verrühren. Krebsschwänze darin 15 Minuten marinieren und sie dann etwa 2½ Minuten grillen. Wenden, nochmals mit Marinade bepinseln und weitere 2 Minuten in der Grillhitze garen.

Anrichten: Bärenkrebsschwänze auf einer vorgewärmten Platte servieren. Dazu passt gebratene Polenta.

Weintipps: ○ 1999er Wiener Nußberg Gemischter Satz Alte Reben, Wieninger, Wien, Österreich
○○ Châteauneuf-du-Pape blanc, Château de St-Cosme, Gigondas, Rhône, Frankreich

Gegrillte Tiefseegarnelen

Schwierigkeitsgrad: leicht
Zubereitungszeit: 30 Minuten plus Marinierzeit

Zutaten für 4 Personen:

1 kg frische Tiefseegarnelen in der Schale, 3 gehackte Knoblauchzehen, 2 Essl. geriebene Limettenschale, 2 entkernte und gehackte rote Chilis, 2 Teel. Cumin (gemahlener Kreuzkümmel), evtl. 2 Essl. Olivenöl, 2 Essl. gehackte Korianderblätter

Für die Salsa: 400 g geschälte und entsteinte Mango, 2 Essl. gehackte Pfefferminze, 1 Teel. gestoßener Pfeffer, 2 Essl. Ahornsirup, Salz

Zubereitung: Garnelen trockentupfen und mit Knoblauch, Limettenschale, Chili und Cumin in einer Schüssel mischen. 1 Stunde marinieren. Für die Salsa die eine Hälfte der Mango würfeln, die andere im Mixer pürieren. Beides mit den restlichen Zutaten für die Salsa mischen und noch mal abschmecken.
Garnelen auf ein Backblech verteilen und 3–4 Minuten unter dem Grill rösten. Oder portionsweise 2–3 Minuten in Olivenöl braten, bis sie knusprig sind.

Anrichten: Garnelen mit Korianderblättern mischen und in einer Schüssel servieren. Salsa dazu reichen.

Weintipps: ○ 1998er Mußbacher Eselshaut Rieslaner Spätlese trocken, Müller-Catoir, Neustadt-Haardt, Pfalz
○○ 1998er Condrieu La Loye, Domaine Gerin, Ampuis, Rhône, Frankreich

Krumme Jungs mit Mango-Dip

Zum Zugreifen und Selberschälen: gegrillte Tiefseegarnelen. Rezept links

KRUSTENTIERE SOMMER

Gambas mit Cashew-Sauce

Schwierigkeitsgrad: leicht
Zubereitungszeit: 20 Minuten

Zutaten für 4 Personen:
60 g sehr fein gehackte Cashewkerne,
2 gehackte Knoblauchzehen,
2 Essl. helle Sojasauce, 1 entkernter und
fein gehackter Chili, 1 Essl. Maismehl,
1 kg geschälte frische Gambas (Riesengarnelen)
mit Schwanzflossen, 2–3 Essl. Olivenöl,
1 Salatgurke, ¼–½ Teel. Meersalz

Zubereitung: Cashewkerne, Knoblauch, Sojasauce, Chili und Maismehl mit 1 Essl. Wasser zu einer Panade verrühren. Mit einem Zahnstocher das dicke Ende der Gambas zusammenstecken, damit es sich beim Braten nicht spreizt. In der Panade wenden.

Olivenöl erhitzen, Gambas 3–5 Minuten darin braten. Gurke schälen, hobeln, mit Meersalz bestreuen, 10 Minuten ruhen und dabei abtropfen lassen.

Anrichten: Gambas mit den Gurken servieren. Restliche Panade als Sauce dazu reichen.

Weintipps: ○ 1999er Birkweiler Mandelberg Weißburgunder Spätlese trocken, Dr. Wehrheim, Birkweiler, Pfalz
○○ 1983er Château Laville-Haut-Brion, Talence, Graves, Bordeaux, Frankreich

Überbackener Hummer

Schwierigkeitsgrad: mittelschwer
Zubereitungszeit: 30 Minuten

Zutaten für 4 Personen (als Vorspeise):
2 lebende Hummer (je 750 g)
Sauce: 1 Eigelb, 1 Teel. mittelscharfer Senf,
1 Teel. Salz, 1 Teel. Zitronensaft,
0,1 l Olivenöl, gestoßener Pfeffer

Zubereitung: Hummer mit dem Kopf voran für 2 Minuten in kochendes Wasser geben. Herausnehmen, kalt abschrecken. Scheren vom Körper trennen. Körper längs halbieren, Innereien entfernen. Jeden Hummer in 4 Teile schneiden. Eigelb, Senf, Salz und Zitronensaft verrühren. Langsam das Öl einlaufen lassen und schlagen, bis eine cremige Masse entsteht. Die Hummerteile mit der Schale nach unten auf eine ofenfeste Platte legen. Scheren anknacken, das Fleisch auslösen, würfeln und auf die Viertel verteilen. Hummerfleisch mit Sauce bedecken, mit Pfeffer bestreuen. Im Backofen bei 200 Grad 25–30 Minuten goldbraun überbacken.

Anrichten: Hummerviertel auf vier Teller verteilen.

Tipp: Als Hauptgericht pro Person einen ganzen Hummer zubereiten.

Weintipps: ○ 1998er Würzburger Stein Silvaner Spätlese trocken, Weingut am Stein, Würzburg, Franken
○○ 1995er Bianca di Castellada, La Castellada, Gorizia, Friaul, Italien

Delikatesse
mit feiner Würze

Senfsauce hält sie im Ofen saftig:
überbackene Hummerviertel. Rezept links

Leichtes Spiel für Panzerknacker

Der **Taschenkrebs** bietet trotz seiner Größe nur wenig Fleisch. Das schmeckt jedoch besonders delikat – vor allem der Inhalt der Scheren. Am besten mit einem Nussknacker aufbrechen.

KRUSTENTIERE

Tiefseegarnelen

Bärenkrebse

Gambas

Hummer

Tiefseegarnelen – auch bekannt als Shrimps – werden, da ihr Fleisch empfindlich ist, gleich nach dem Fang gekocht (oft auch geschält) und tiefgefroren. Das Schwanzfleisch der **Bärenkrebse** gilt als seltene Delikatesse und ist meist tiefgefroren im Handel erhältlich. **Gambas** oder Riesengarnelen werden oft mit Scampi verwechselt – sie sind jedoch preiswerter und haben im Gegensatz zu Scampi keine Scheren. **Hummer** schmecken am besten, wenn man sie lebend kauft und kurz darauf im geschlossenen Topf kocht.

BEEREN
SOMMER

Ein süßes Sommervergnügen

Üppig belegt: Schokoladenkuchen mit Beeren und Sauerrahm. Rezept auf Seite 58

56 | 57

Schokoladenkuchen mit Beerencocktail und Sauerrahm

Schwierigkeitsgrad: leicht
Zubereitungszeit: 1½ Stunden inklusive Backzeit

Zutaten für 4 große Portionen:

100 g Amaretti-Kekse (italienisches Gebäck), 200 g gehackte bittere Schokolade, 100 g Butter, 3 Eier, 100 g Zucker, 6–7 Essl. (80 ml) Grappa, 400–500 g gemischte Johannisbeeren (helle, rote und schwarze), 80 g Puderzucker
Creme: 150 g saure Sahne, 250 g Mascarpone, 50 g Zucker, Puderzucker zum Bestreuen

Zubereitung:
Amaretti zerbröseln. Schokolade und Butter im Wasserbad schmelzen. Eier trennen. Eigelb und Zucker schaumig schlagen. Eiweiß schnittfest schlagen. Schokoladenbutter unter die Eigelbmasse ziehen, Amaretti-Brösel zufügen und den Eischnee unterheben. Eine flache Form (25 x 35 cm) mit Backpapier auslegen und den Teig einfüllen. Teigoberfläche glätten. Im vorgeheizten Ofen bei 200 Grad etwa 20–25 Minuten backen.

Kuchen in der Form auskühlen lassen. Danach mit Grappa tränken. Beeren waschen, verlesen und gut abgetropft mit Puderzucker mischen. Für die Creme alle Zutaten verrühren, den Kuchen üppig damit bestreichen. Mit Beeren belegen.

Anrichten:
Kuchen vierteln und mit Puderzucker bestreuen

Weintipps:
• 1995er Late Bottled Vintage Port, Niepoort, Porto, Douro, Portugal
•• 1996er La Coume Banyuls Rimage, Domaine du Mas Blanc, Banyuls-sur-Mer, Languedoc-Roussillon, Frankreich

Himmlische Torte mit roten Beeren

Schwierigkeitsgrad: mittelschwer
Zubereitungszeit: 1¼ Stunden inklusive Back- und Abkühlzeit

Zutaten für 6 große Stücke:

Teig: 100 g Butter, 100 g Zucker, 100 g Mehl, 50 g geriebene Pinienkerne, 3 Eigelb, 2 Teel. Backpulver
Baiser: 3 Eiweiß, 200 g Zucker, 1 Messerspitze Hirschhornsalz, 4 Essl. Pinienkerne zum Bestreuen
Füllung: 300 g gekühlte rote Beeren (Himbeeren, Erdbeeren, Johannisbeeren), 250 g Sahne, 50 g Zucker, 200 g Frischkäse

Zubereitung:
Aus den Teigzutaten einen festen Rührteig herstellen. 2 Springformen (26 cm Durchmesser) mit Backpapier auslegen und den Teig gleichmäßig auf die Böden streichen.

Für das Baiser Eiweiß schnittfest schlagen, Zucker und Hirschhornsalz zufügen und schaumig aufschlagen. Auf dem Rührteig wolkenartig verteilen (Foto) und mit Pinienkernen bestreuen. Im Ofen bei 160 Grad Heißluft 25–30 Minuten backen. In der Form abkühlen lassen.

Für die Füllung Beeren verlesen. Erdbeeren teilen. Sahne steif schlagen, Zucker zufügen. Frischkäse mit 3 Essl. Sahne cremig rühren, restliche Sahne und die Früchte unterheben. Alles auf einen der Tortenböden streichen, den zweiten Boden darauf legen. 30 Minuten im Kühlschrank ruhen lassen.

Anrichten:
Gekühlte Torte in Stücke schneiden und auf Teller verteilen.

Weintipps:
• 1997er Muscat de Rivesaltes, Domaine Força Réal, Millas, Roussillon, Frankreich
•• 1996er Zwischen den Seen Scheurebe Beerenauslese No. 3, Alois Kracher, Illmitz, Neusiedlersee, Österreich

Die kleine Sünde für zwischendurch

Teuflisch gut: himmlische Torte mit roten Beeren. Rezept links

BEEREN SOMMER

Rhabarbergrütze
mit Walderdbeeren

Schwierigkeitsgrad: leicht
Zubereitungszeit: 1 Stunde
inklusive Kühlzeit

Zutaten für 6–8 Desserts oder für 4 Portionen als süße Zwischenmahlzeit:

300 g Rhabarber, 300 g Walderdbeeren, 1 Packung (36 g) Bourbon-Vanilleflammerie (Puddingpulver), 100 g Zucker, 2 getrennte Eier, 200 g Sahne, 20 g Zucker, 1 Essl. gezupfter Ysop, alternativ Zitronenverbene oder Minze (verändert die Geschmacksrichtung etwas)

Zubereitung: Rhabarber in Stücke schneiden. 100 g Walderdbeeren zerdrücken. Vanilleflammerie in 0,5 l Wasser glatt rühren. 4 Essl. Wasser mit dem Zucker aufkochen. Rhabarber zufügen und 3 Minuten simmern lassen, bis er weich ist. Topf von der Kochstelle nehmen, Vanilleflammerie unter Rühren zufügen und auf der Kochstelle einmal aufwallen lassen. Erdbeeren zufügen und Topf wieder von der Kochstelle ziehen. Eigelb einrühren. Eiweiß schnittfest schlagen und unterheben. In vier tiefe Teller füllen und erkalten lassen. Rhabarbergrütze mit restlichen Erdbeeren belegen. Sahne mit Zucker verrühren, kühl stellen.

Anrichten: Rhabarbergrütze mit Ysop bestreuen. Schlagsahne in vier Schälchen dazu reichen.

Weintipps: ○ 1999er Lorenzhöfer Riesling Auslese Goldkapsel trocken, Karlsmühle, Mertesdorf, Mosel-Saar-Ruwer
○○ 1998er Mußbacher Eselshaut Rieslaner Auslese, Müller-Catoir, Neustadt-Haardt, Pfalz

Hefeplinsen
mit Kompott

Schwierigkeitsgrad: mittelschwer
Zubereitungszeit: 2 Stunden
inklusive Ruhezeiten

Zutaten für 4 Portionen als süße Zwischenmahlzeit oder für 8 Desserts:

Teig: ½ Würfel Hefe (21 g), 0,125 l Milch, 30 g Zucker, 500 g Mehl (Typ 405), 0,125 l Buttermilch, 50 g weiche Butter, 3 Eigelb, 1 Prise Salz
Weitere Zutaten: 80 g Butter, Zucker zum Wälzen
Beeren: 50 g Zucker, 150 g Preiselbeeren, 150 g Blaubeeren

Zubereitung: Hefe in leicht erwärmter Milch mit 1 Teel. Zucker verrühren. Mehl in eine Schüssel geben, in die Mitte eine Vertiefung drücken und die Hefemilch einrühren. Den Vorteig in 30 Minuten zum doppelten Volumen gehen lassen. Restliche Teigzutaten zufügen, alles zu einem elastischen Teig kneten. Abdecken und in 30 Minuten erneut zum doppelten Volumen aufgehen lassen. Nochmals kneten, zu einer dicken Rolle formen und in 16 Stücke teilen.

Kugeln formen und 20 Minuten gehen lassen. Von der Mitte zum Rand so ausziehen, dass der Teig in der Mitte papierdünn und zum Rand hin leicht gewölbt ist. Bei mittlerer Hitze in Butter braten, bis der Rand hellbraun ist. Heiß in Zucker wälzen. Den Zucker für die Beeren karamellisieren, die Beeren hineingeben und in 2 Minuten zu Kompott kochen.

Anrichten: Kompott auf die heißen Plinsen verteilen. Sofort servieren.

Weintipps: ○ 1999er Ürziger Würzgarten Riesling Auslese trocken, Dr. Loosen, Bernkastel-Kues, Mosel-Saar-Ruwer
●● Vin Santo, Isole e Olena, Barberino Val d'Elsa, Toskana, Italien

Süße Verführung im Bett aus Hefeteig

Am besten frisch aus der Pfanne: Hefeplinsen mit Kompott. Rezept links

BEEREN SOMMER

Quarkknödel mit Mandelkrokant-Füllung

Schwierigkeitsgrad: mittelschwer
Zubereitungszeit: 1½ Stunden

Zutaten für 12 Knödel:

Krokant: 50 g Mandelblättchen, 20 g Butter, 2 Essl. Zucker

Knödel: 200 g Grieß, 200 g Mehl, ½ Päckchen Backpulver, 400 g Magerquark, abgeriebene Schale von 1 Zitrone, 3 Eigelb, Salz, Mehl für die Arbeitsplatte, etwa 24 Blau-und Himbeeren zum Füllen

Beerenmischung: 300 g Blau- und Himbeeren, 3 Essl. Puderzucker, 250 g pürierte Himbeeren, 50 g Zucker

Zubereitung: Zutaten für den Krokant mischen und goldbraun rösten. Abkühlen lassen. Mit dem Nudelholz zerdrücken. Für die Knödel Grieß, Mehl und Backpulver mischen. In die Mischung eine Vertiefung drücken.
Quark, Zitronenschale, Eigelb und 1 Prise Salz hineingeben. Verkneten. Auf Mehl zu einer dicken Rolle formen, in 12 Portionen teilen und zu Knödeln rollen. Mit der Hälfte des Krokants und den Beeren füllen. In siedendem Salzwasser 25–30 Minuten ziehen lassen. Beeren mit Puderzucker bestäuben. Himbeeren durch ein Sieb streichen, mit Zucker mischen.

Anrichten: Beeren auf Teller verteilen, heiße Knödel darauf legen, mit restlichem Krokant und Püree servieren.

Weintipps: ○ 1996er Jurançon moëlleux „Les Terrasses", Domaine Larredya Jean-Marc Grussaute, Chapelle-de-Rousse, Frankreich
○○ 1998er Winninger Uhlen Erste Große Lage Riesling Auslese Goldkapsel trocken, Heymann-Löwenstein, Winningen, Mosel-Saar-Ruwer

Kaltschale aus Stachelbeeren

Schwierigkeitsgrad: mittelschwer
Zubereitungszeit: 2 Stunden inklusive Kühlzeit

Zutaten für 4 Personen:

Kaltschale: 500 g grüne Stachelbeeren, 1 Dolde Holunderblüten (ersatzweise Minze oder Zitronenmelisse), 0,25 l trockener Weißwein, 50 – 70 g Zucker, ½ Teel. Agar-Agar (pflanzliches Geliermittel, im Reformhaus)

Zubereitung: Stachelbeeren und Holunder abspülen. 0,75 l Wasser, Wein, Zucker und Holunder aufkochen. Agar-Agar in 2 Essl. kaltem Wasser verrühren, in die kochende Flüssigkeit geben, 3 Minuten kochen. Beeren zufügen, einmal aufkochen. Alles abkühlen lassen. Die Früchte sollten nicht zerfallen. Holunder entfernen. Frischhaltefolie auflegen, damit sich keine Haut bildet. Abkühlen lassen.

Creme: 200 g Magermilchjogurt, 50 g Zucker, 1 Dolde Holunderblüten (ersatzweise 2 Teel. Holunderblütensirup), 250 g Ricotta, 6 Blatt weiße Gelatine

Zubereitung: Jogurt, Zucker und Holunderblüten aufkochen. Dolde entfernen. Mischung abkühlen lassen und den Ricotta einrühren. Gelatine in kaltem Wasser einweichen, tropfnass in einem kleinen Topf durch leichtes Erwärmen auflösen. In die Creme rühren. Sobald diese zu gelieren beginnt, mit dem Pürierstab oder dem Schneebesen schaumig aufschlagen. Kleine Förmchen mit der Creme füllen und im Kühlschrank fest werden lassen.

Anrichten: Förmchen kurz in heißes Wasser halten, Creme auf Teller stürzen. Mit Kaltschale umgießen.

Weintipps: ○ 1998er Moscato d'Asti DOC Autunno, Paolo Saracco, Langhe, Piemont, Italien
○○ 1989er Le Haut-Lieu Vouvray moëlleux 1ère Trie, Domaine Gaston Huët, Vouvray, Loire, Frankreich

Kleine Erfrischung gefällig?

Kühl und süßsauer: Stachelbeerkaltschale mit Ricottac-Creme. Rezept links

Das beerenstarke Angebot der Natur

Die herbsauren Kronsbeeren oder P r e i s e l b e e r e n schmecken gut als Sauce, Kompott oder Konfitüre

BEEREN

Himbeeren

Brombeeren

Heidelbeeren

Erdbeeren

Die empfindlichen, köstlich süßen **Himbeeren** sind von Juni bis September auf dem Markt – ganz selten sogar in Orange. Wilde **Brombeeren** sind besonders aromatisch. Am besten selber pflücken zwischen August und Oktober. Die echten **Heidelbeeren** (im Foto links) sind nur noch selten zu finden. Von Juni bis September sind vor allem die dicken, mattschaligen Kultur-Blaubeeren erhältlich. Heimische **Erdbeeren** gibt es im Juni und Juli. Besonders aromatisch schmecken die kleinen Walderdbeeren (im Foto links).

Helles Fleisch

Sommer

66 | 67

Leichte Küche für Sonnentage

Aromen von Rotwein, Nelke und Kräutern: mariniertes Stubenküken. Rezept auf Seite 68

HELLES FLEISCH — SOMMER

Mariniertes Stubenküken

Schwierigkeitsgrad: leicht
Zubereitungszeit: 1 Stunde plus
1 Stunde Marinierzeit

Zutaten für 4 Personen:

Stubenküken: 2 Lorbeerblätter, 1 kleiner Rosmarinzweig, 1 Thymianzweig, 1 in Scheiben geschnittene rote Zwiebel, 2 längs halbierte Stubenküken (je 500 g), 0,125 l Rotweinessig, 0,25 l trockener Rotwein, 5 Gewürznelken, 6 schwarze Pfefferkörner, Salz, 1 Ei, 2 Essl. Wasser, 2 Essl. Mehl, 2 Essl. Semmelbrösel, 5–6 Essl. Butter

Zubereitung: Lorbeerblätter, Rosmarin und Thymian in einer Schüssel auslegen. Mit Zwiebelringen bedecken. Küken mit der Schnittfläche nach unten auflegen. Rotweinessig mit Rotwein, Nelken, Pfefferkörnern und Salz aufkochen. Die Küken darin etwa eine Stunde marinieren. Herausnehmen, abtropfen lassen und trockentupfen. Ei mit Wasser verquirlen, salzen. Küken in Mehl, Ei und Semmelbröseln wenden. Butter in einer Pfanne erhitzen. Küken mit der Hautseite nach unten einlegen. Von beiden Seiten je 12 Minuten bei niedriger Hitze braten.

Salat: 1 Bund gezupfte glatte Petersilie, 1–2 rote Zwiebeln, 1 Essl. Rotweinessig, Salz, 2 Essl. Olivenöl, 1 in Spalten geschnittene Zitrone

Zubereitung: Petersilie und Zwiebeln in Streifen schneiden, mischen. Rotweinessig mit Salz und Öl verrühren, über die Zwiebel-Mischung träufeln.

Anrichten: Stubenküken auf vier Teller verteilen. Petersiliensalat daneben anrichten. Zitrone dazu reichen.

Weintipps: ○ 1997er Chardonnay „Réserve", Markowitsch, Göttlesbrunn, Carnutum, Österreich
○○ 1997er Château Montus Pacherenc du Vic-Bilh sec, Domaine Alain Brumont, Maumusson, Madiran, Südwestfrankreich

Kalbfleischnocken mit Tunfisch

Schwierigkeitsgrad: mittelschwer
Zubereitungszeit: 1 Stunde

Zutaten für 4 Personen:

1 Dose gut abgetropfter Tunfisch in Öl (150 g), 400 g zweimal durch den Fleischwolf gedrehtes Kalbsschnitzel, 6 Essl. Sahne, Salz, weißer Pfeffer aus der Mühle, 3–4 Essl. Zitronensaft, 0,5 l Wein, 0,75 l Wasser, 3 Zweige frischer Lorbeer, je ½ Bund Thymian und Oregano, 2–3 Essl. Butter, 40 g Mehl, 0,25 l Milch, 60 g Brunnen- oder Gartenkresse, 1 Eigelb, Kresse für die Garnitur

Zubereitung: Tunfisch im Blitzhacker sehr fein pürieren. Mit Kalbshack und Sahne mischen. Mit Salz, weißem Pfeffer und 2 Essl. Zitronensaft würzen. Kalt stellen.
Wein, Wasser, Lorbeer, Thymian und Oregano mit Salz zu einem Sud aufkochen. Von der Kalbfleisch-Tunfisch-Masse mit 2 Esslöffeln Nocken abstechen. Etwa 10 Minuten im Sud garen, bis die Nocken an die Oberfläche steigen. Sud aufbewahren. Butter in einem Topf erhitzen. Mehl einrühren, aber nicht braun werden lassen. Nach und nach 0,25 l Sud und Milch einrühren. 3–4 Essl. der Sauce mit der Kresse pürieren. In die Sauce einrühren. Mit Eigelb binden, mit Salz und mit dem restlichen Zitronensaft abschmecken.

Anrichten: Sauce als Spiegel auf eine Platte oder Teller streichen, Nocken darauf legen, mit Kresseblättern garnieren.

Weintipps: ○ 1997er Chardonnay „Grand Select", Fritz Wieninger, Wien, Österreich
○○ 1997er Viognier, Domaine de la Granges des Pères, Laurent Vaillé, Aniane, Languedoc-Roussillon, Frankreich

Die helle Freude mit grüner Sauce

Kalbfleischnocken mit Tunfisch. Rezept links

HELLES FLEISCH
SOMMER

Perlhuhn in Pergament

Schwierigkeitsgrad: leicht
Zubereitungszeit: 1¼ Stunde

Zutaten für 4 Personen:
1 Perlhuhn (1,2 kg), Meersalz, weißer Pfeffer aus der Mühle, 100 g weiche Butter, ½ Bund grob gehackter Oregano, Blätter von 2 Salbeizweigen

Zubereitung: Perlhuhn waschen, gründlich abtrocknen. Von innen und außen mit Salz und Pfeffer einreiben. 80 g Butter und Oregano verkneten. Zu einer Kugel formen und in das Huhn legen. Bauchöffnung mit einem Zahnstocher zustecken. Flügel und Keulen mit Küchengarn an den Körper binden. Brust mit Salbeiblättern belegen.

Einen großen Bogen Pergamentpapier mit restlicher Butter bestreichen. Perlhuhn darauf legen, das Papier einschlagen und die Enden wie bei einem Bonbon fest zudrehen. Im auf 200 Grad vorgeheizten Ofen etwa 60 Minuten backen. Danach im Pergament auf eine Platte legen.

Anrichten: Pergament am Tisch öffnen, das Perlhuhn tranchieren und mit dem Bratensaft servieren.

Weintipps: ● 1996er Lirac, Château d'Aqueria, Tavel, Rhône, Frankreich
●● 1995er „Les Caillerets" Volnay Premier Cru, Clos des 60 Ouvrées, Domaine de la Pousse d'Or, Meursault, Burgund, Frankreich

Maishähnchen in Kokosmilch

Schwierigkeitsgrad: leicht
Zubereitungszeit: 1 Stunde

Zutaten für 4 Personen:
Maishähnchen: 2 Teel. Korianderkörner, 2 Essl. Pflanzenöl, 1 in 8 Teile zerlegtes Maishähnchen (1200 g), Salz, 1 gewürfelte Zwiebel, 2 gewürfelte Knoblauchzehen, 2 kleine rote Chilischoten, 1 Teel. Ingwerpulver, 0,4 l Kokosmilch

Zubereitung: Korianderkörner im Mörser zerstoßen. Pflanzenöl in einer Pfanne erhitzen, Koriander darin rösten. Hähnchenfleisch salzen, zuerst mit der Hautseite nach unten in die Pfanne legen, dann rundum anbraten. Zwiebel, Knoblauch, Chilis und Ingwer dazugeben. 5 Minuten mitschmoren. Kokosmilch angießen, zum Kochen bringen. Maishähnchen darin etwa 20 Minuten garen.

Karottenreis: 200 g Reis, 1 Essl. Pflanzenöl, 60 g geraffelte Möhren, 0,2 l Kokosmilch, 0,2 l Hühnerbrühe, Salz, 2 Spritzer Zitronensaft

Zubereitung: Reis in Pflanzenöl glasig dünsten. Möhren hinzufügen, kurz mitdünsten. Kokosmilch und Hühnerbrühe angießen. Salzen. Unter Rühren aufkochen. Hitze herunterschalten. Den Reis bei geschlossenem Deckel 15 Minuten quellen lassen. Mit Zitronensaft abschmecken.

Anrichten: Hähnchenfleisch auf Teller verteilen, Sauce dazugeben. Karottenreis dazu reichen.

Weintipps: ○ 1997er Ruppertsberger Gaisböhl Riesling Spätlese trocken, Dr. Bürklin-Wolf, Wachenheim, Pfalz
○○ 1993er Gewürztraminer Cuvée des Seigneurs de Ribeaupierre, Trimbach, Ribeauvillé, Elsass, Frankreich

Frische Sommerbrise aus Asien

Ein Hauch von Knoblauch, Chili und Ingwer: Maishähnchen in Kokosmilch mit Karottenreis. Rezept links

HELLES FLEISCH
SOMMER

Salat von gebratener Poularde mit Lachs
Schwierigkeitsgrad: leicht
Zubereitungszeit: 1½ Stunden

Zutaten für 4 Personen:
1 Poularde (1,6 kg), 2 zerdrückte Knoblauchzehen, Salz, weißer gestoßener Pfeffer, 100 g gewürfelter Räucherlachs, 60 g gewürfelte Cornichons, 1 geschälter, gewürfelter Apfel (z. B. Elstar), 3 Essl. Weißweinessig, 1 Essl. Zucker, 1 Teel. mittelscharfer Senf, 1 Eigelb, 5 Essl. Pflanzenöl, Blättchen von 2–3 Zweigen Zitronenmelisse, 1 in dünne Scheiben geschnittene Fleischtomate

Zubereitung: Poularde waschen, gründlich abtrocknen. Innen und außen mit Knoblauch, Salz und weißem Pfeffer einreiben. Im auf 200 Grad vorgeheizten Ofen 40–50 Minuten braten. Abkühlen lassen, entbeinen und in mundgerechte Stücke teilen.

Räucherlachs, Cornichons, Apfel und Poulardenfleisch mischen. In einer Schüssel Weißweinessig mit Salz und Zucker verrühren, bis beides sich aufgelöst hat. Nacheinander Senf, Eigelb und Pflanzenöl einrühren. Mit Zitronenmelisse mischen.

Anrichten: Vier tiefe Teller mit Tomatenscheiben auslegen. Salat darauf anrichten, mit Marinade beträufeln.

Weintipps: ○ 1998er Sauvignon Hochgrassnitzberg, Erich und Walter Polz, Spielfeld, Südsteiermark, Österreich
○○ 1997er Riesling „Privat", Martin Nigl, Senftenberg, Kremstal, Österreich

Kaninchensülze mit Vinaigrette
Schwierigkeitsgrad: schwer
Zubereitungszeit: 1 Stunde plus 1 Nacht Gelierzeit

Zutaten für eine Terrineform (1¼ l):
1 Kaninchen (500 g Fleisch), 3 Essl. Pflanzenöl, 1 Bund geputztes, grob gewürfeltes Suppengrün, Salz, 10 schwarze Pfefferkörner, 0,5 l Wein, 1 l Wasser, 14 Blatt eingeweichte, gut ausgedrückte Gelatine, ½ Bund gezupfter Kerbel, 100 g entstielte rote Johannisbeeren, 3–4 Essl. Rotweinessig, Pfeffer aus der Mühle, 1½–2 Teel. grobkörniger Senf, 1 sehr fein gehackte Schalotte, 0,1 l kaltgepresstes Olivenöl

Zubereitung: Kaninchen entbeinen. Knochen und Bauchlappen klein hacken, in Öl mit Suppengrün anbraten. Salzen, Pfefferkörner hinzufügen. Mit Wein und Wasser auffüllen. Zum Kochen bringen und bei niedriger Hitze etwa 30 Minuten köcheln lassen. Hin und wieder Schaum abschöpfen. Durch ein Tuch in einen anderen Topf umgießen.

Kaninchenrücken und Keulenfleisch 15–20 Minuten im siedenden Fond garen. Herausnehmen, abkühlen lassen. 1 l Brühe abmessen. Davon 1 Tasse abnehmen und erhitzen. Gelatine darin auflösen und zu der abgemessenen Brühe geben. In eine viereckige Form (1¼ l) einen 1–2 cm hohen Spiegel Brühe gießen. 20 Minuten im Tiefkühlfach erstarren lassen. Auf den Sülzespiegel Kerbelblättchen und Johannisbeeren verteilen. Fleisch in Stücke schneiden und auflegen. Alles mit Brühe auffüllen. Über Nacht erstarren lassen. Für die Vinaigrette Rotweinessig mit Salz, Pfeffer und Senf verrühren. Schalotten hinzufügen, Öl einrühren und abschmecken.

Anrichten: Sülze in Scheiben schneiden. Vinaigrette dazu reichen.

Weintipps: ○ 1998er Sève d'automne, Domaine Cauhapé, Monein, Jurançon, Südwestfrankreich
○○ 1998er Ried Lamm Grüner Veltliner, Wilhelm Bründlmayer, Langenlois, Kamptal, Österreich

Ein Kunststück mit Kaninchen

Kühle Sülze mit Vinaigrette. Rezept links

HELLES FLEISCH — SOMMER

Sardisches Kaninchen

Schwierigkeitsgrad: leicht
Zubereitungszeit: 45 Minuten

Zutaten für 4 Personen:

1 Kaninchen (1,5 kg) mit Leber, 3 Essl. Olivenöl,
3 geschälte, gehackte Knoblauchzehen,
Salz, 4 Essl. Weißweinessig, 0,1 l Rotwein,
10 g Kapern mit Marinade,
3 kleine Zweige Rosmarin, 4 Zweige Thymian,
5 – 6 Lorbeerblätter

Zubereitung: Kaninchen und Leber von Fett, Häuten und Sehnen befreien. Kaninchen in 8 Stücke schneiden. Rundherum in heißem Olivenöl anbraten. Leber klein hacken und mit dem Knoblauch hinzufügen. Im auf 190 Grad vorgeheizten Backofen etwa 15 Minuten schmoren. Salzen.

Essig, Wein und Kapern (mit Marinade) mischen. Über das Fleisch geben. Rosmarin, Thymian und Lorbeerblätter hinzufügen. Topf mit Deckel schließen, alles zusammen weitere 25 Minuten schmoren.

Anrichten: Kaninchenfleisch auf vier vorgewärmte Teller verteilen. Eventuell mit Kräutern umlegen

Weintipps: ○ 1998er Sauvignon blanc, Voss Vineyards, Oakville, Napa Valley, Kalifornien
○○ 1998er Condrieu Les Chaillets, Domaine Yves Cuilleron, Chavanay, Rhône, Frankreich

Kalbfleischpäckchen mit Steinpilzen

Schwierigkeitsgrad: mittelschwer
Zubereitungszeit: 1¼ Stunde

Zutaten für 4 Personen:

30 g getrocknete Steinpilze, 8 sehr dünne
Scheiben schieres Kalbfleisch (je 120 g),
Salz, weißer Pfeffer aus der Mühle,
250 g Kalbfleischbrät, 3 Essl. Sahne,
je 100 g sehr feine Karotten- und Staudenselleriewürfel (evtl. blanchiert),
je ½ Bund gezupfter Kerbel, glatte Petersilie,
Basilikum, 60 g gewürfelter Bauchspeck,
5 Essl. Portwein

Zubereitung: Steinpilze 30 Minuten in lauwarmem Wasser einweichen. Gut ausdrücken. Einweichwasser aufbewahren. Fleisch klopfen, flach ausbreiten. Kräftig salzen und pfeffern, mit Steinpilzen belegen. Kalbfleischbrät mit Sahne, Karotten- und Selleriewürfeln verrühren. Gleichmäßig auf das Kalbfleisch streichen. Mit Kräutern belegen. Belegtes Fleisch zu Päckchen falten oder wie Rouladen aufrollen. Mit Küchengarn zubinden.

Bauchspeck in einer Pfanne bei niedriger Hitze auslassen. Hitze erhöhen. Päckchen von allen Seiten anbraten. Mit Portwein ablöschen. 0,3 l Pilz-Einweichwasser angießen. Fleisch zugedeckt bei mittlerer Hitze 15–20 Minuten schmoren.

Anrichten: Päckchen durchschneiden und auf vier Teller verteilen. Mit Schmorfond beträufeln, eventuell mit Tomatenstückchen garnieren.

Weintipps: ● 1997er Château Lamartine Cuvée particulière, Domaine Alain Gayraud et Fils, Soturac, Cahors, Südwestfrankreich
●● 1996er Laumersheimer Kirschgarten, Spätburgunder Spätlese trocken, Knipser, Laumersheim, Pfalz

Köstlichkeiten zum Draußenessen

Herzhafte Füllung: Kalbfleischpäckchen mit Steinpilzen. Rezept links

Hering, Aal und Seezunge kommen in den Rezepten für frische **Seefische** zum Zuge. Kräuter geben dabei den Ton an – aber auch der erste Lebkuchen verleiht raffinierte Würze. Sobald die bunten Blätter fallen, gelangen köstliche **Herbstgemüse** auf

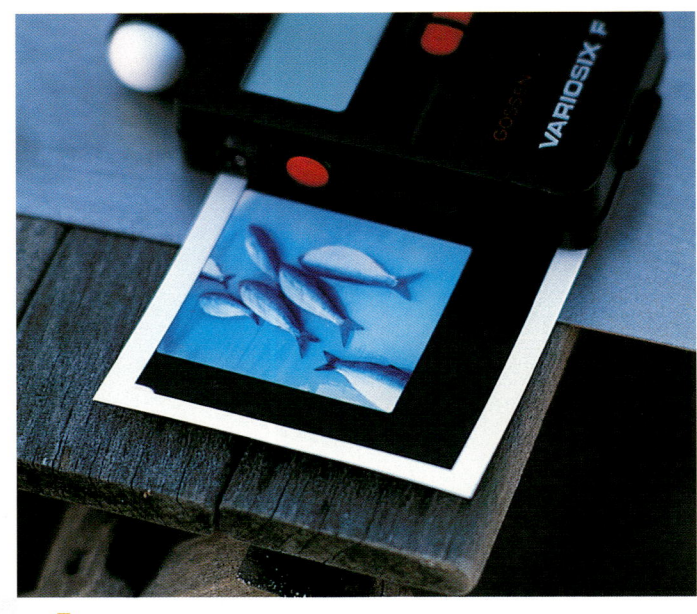

HERBST

die Märkte, etwa Kürbisse, Steckrüben oder Sellerie. Den wärmenden Gerichten geben Trockenfrüchte und Maronen liebliche Aromen. Und wer jetzt Gäste zum Essen einlädt, beschert mit **Dessertkuchen** ein süßes Finale. Mit Nüssen, Mandeln und Schokolade.

Erfolgreiche Ernte: heimische Äpfel und Kartoffeln

SEEFISCHE
HERBST

Herzhaftes Fleisch: stramme, silbrige Heringe werden vor allem aus Atlantik und Ostsee gefischt

Frischer Fang aus kühlen Meeren

Krosse Hülle: Hering-Doppelfilets im Teigmantel. Rezept auf Seite 80

SEEFISCHE HERBST

Doppelfilets vom Hering im Teigmantel

Schwierigkeitsgrad: leicht
Zubereitungszeit: 40 Minuten

Zutaten für 4 Personen:

2 geschälte Knoblauchzehen,
1 gehäufter Teel. grobes Meersalz, 1 Essl. gezupfte glatte Petersilienblätter, 1 Essl. Zitronensaft,
250 g Mehl, 1 Teel. Backpulver,
etwa 0,3 l Bier, 2 Essl. Pflanzenöl, Salz,
steif geschlagenes Eiweiß von 2 Eiern,
8 kleine Doppelfilets von Ostsee-Heringen,
Öl zum Frittieren

Zubereitung: Knoblauchzehen mit Meersalz, Petersilie und Zitronensaft im Mörser zerstoßen. In eine Schüssel füllen, kurz ziehen lassen. Mehl mit Backpulver mischen. Mit Bier und Öl glatt rühren. Salzen, Eiweiß unterziehen. Heringsfilets durch die Knoblauchmischung und durch den Backteig ziehen. In Öl bei 180 Grad etwa 5 Minuten frittieren. Auf Küchenpapier abtropfen lassen.

Anrichten: Sofort servieren.

Weintipps: ○ 1999er Pinot bianco Weisshaus, Colterenzio–Schreckbichl, Cornaiano/Girlan, Alto Adige–Südtirol, Italien
○○ 1999er La Kottabe Riesling, Josmeyer, Wintzenheim, Elsass, Frankreich

Dorschkoteletts mit Muscheln

Schwierigkeitsgrad: mittelschwer
Zubereitungszeit: 1 Stunde

Zutaten für 4 Personen:

0,1 l trockener Weißwein,
750 g tropfnasse gewaschene Miesmuscheln,
3–4 Essl. Butter, 4 quer zur Mittelgräte geschnittene Dorschkoteletts (je 250 g schwer und 8 cm dick),
Salz, Pfeffer aus der Mühle, frisch geriebene Muskatnuss, 1 Essl. geröstetes, zerbröseltes Weißbrot, 150 g Crème fraîche,
2 Essl. gehackte Kräuter (Kerbel, Petersilie, Dill), 1 Spritzer Zitronensaft

Zubereitung: Weißwein zum Kochen bringen. Miesmuscheln hineingeben. Bei geschlossenem Deckel etwa 4 Minuten garen, bis sie geöffnet sind. Eine ofenfeste Form mit 2 Essl. Butter ausfetten. Dorschkoteletts mit Salz, Pfeffer und Muskat würzen. In die Form legen. Mit geöffneten Muscheln belegen, mit Weißbrot bestreuen. 1–2 Essl. Butter in Flöckchen darüber verteilen. Muschelsud mit Crème fraîche verquirlen. 4 Essl. der Mischung über den Fisch träufeln.

Fisch und Muscheln mit Backpapier oder Alufolie bedecken. Im vorgeheizten Ofen bei 200 Grad etwa 15–18 Minuten garen. Restlichen Muschel-Crème-fraîche-Sud erhitzen. Mit Kräutern, Zitronensaft und Muskat abschmecken.

Anrichten: Fisch sofort aus dem Ofen heiß servieren. Sauce dazu reichen.

Weintipps: ○ 1998er Vigna Dei Pini, Casa Vinicola D'Angelo, Rionero in Vulture, Basilikata, Italien
○○ 1998er Chablis, Domaine Louis Michel, Chablis, Burgund, Frankreich

Delikatessen an Land gezogen!

Souvenir aus dem Sommerurlaub: Dorschkoteletts mit Miesmuscheln. Rezept links

SEEFISCHE HERBST

Gefüllter Lengfisch mit Provolone

Schwierigkeitsgrad: mittelschwer
Zubereitungszeit: 1 Stunde

Zutaten für 4 Personen:

200 g Wittlingfilet (ersatzweise Schellfisch), 6 Essl. Olivenöl, 1 Essl. gehackte Kapern, gehackte Blätter von 1 Bund Petersilie, 8 gehackte Basilikumblätter, 2 Essl. gezupfte, gehackte frische Oreganoblätter, Salz, 2 Essl. weiche Butter, 600 g in 8 dünne Scheiben geschnittenes Lengfischfilet (ersatzweise Kabeljau), 80 g grob geraffelter Provolone (Hartkäse aus der italienischen Provinz Kampanien), ½ in hauchdünne Scheiben gehobelte Zitrone, grobes Meersalz

Zubereitung: Wittling mit 4 Essl. Olivenöl im Blitzhacker pürieren. Mit Kapern, Petersilie, Basilikum und Oregano zu einer Farce mischen. Salzen. Pergamentpapier mit Butter bestreichen. Lengfisch zwischen Klarsichtfolie leicht plattieren. Auf das Pergament legen. Mit Farce bestreichen, mit Provolone bestreuen, aufrollen. Pergament schließen, an den Enden zudrücken. 10–12 Minuten dämpfen. Zitronen in restlichem Olivenöl schwenken. Mit Meersalz bestreuen.

Anrichten: Lengfisch-Röllchen aus dem Pergament nehmen und auf vier Teller verteilen. Mit Zitrone belegen und mit Zitronenöl beträufeln.

Weintipps: ○ 1999er Sylvaner, Josmeyer, Wintzenheim, Elsass, Frankreich
○○ 1996er Mercurey Clos Rochette, Domaine Faiveley, Nuits-Saint-Georges, Burgund, Frankeich

Meeraal-Spieß mit frischem Lorbeer

Schwierigkeitsgrad: leicht
Zubereitungszeit: 45 Minuten

Zutaten für 4 Personen:

0,1 l Olivenöl, 1 Essl. Paprikapaste (im Feinkostladen erhältlich), 1 Teel. gestoßener schwarzer Pfeffer, 1 fein gewürfelte Zwiebel, 600 g in 12 Stücke geschnittenes Meeraal-Filet, 24 blanchierte frische Lorbeerblätter, 12 gepellte und gekochte kleine Kartoffeln (am besten Drillinge), 1 kg grobes Meersalz

Zubereitung: Olivenöl mit Paprikapaste, Pfeffer und Zwiebelwürfeln mischen. Meeraalstücke darin wälzen. Auf 12 Holzspieße jeweils erst ein Lorbeerblatt, dann ein Stück Meeraal, wieder ein Lorbeerblatt und zum Schluss eine Kartoffel spießen. Meersalz in einen Topf füllen und die Spieße mit der Kartoffel nach unten hineinstecken. Im Backofen bei 210 Grad etwa 12–15 Minuten garen.

Anrichten: Aus dem Ofen nehmen und sofort servieren.

Weintipps: ○ 1998er Est!Est!Est! Poggio dei Gelsi, Falesco, Montefiascone, Latium, Italien
○○ 1998er Chardonnay Unwooded, Wirra Wirra, McLaren Vale, Südaustralien

Tauchgang im Ozean der Aromen

Auf einem Bett aus Meersalz: Meeraal-Spieß mit frischem Lorbeer. Rezept links

Seefische Herbst

Makrele mit Kokosmilchsauce

Schwierigkeitsgrad: leicht
Zubereitungszeit: 1 Stunde plus 1 Stunde Marinierzeit

Zutaten für 4 Personen:

0,125 l Olivenöl, 0,4 l Kokosmilch, 4 Essl. Limettensaft, 2 entkernte und gehackte Chilis, 50 g entsteinte und gehackte schwarze Oliven, 1 Essl. gehackte Minzeblätter, 2 ausgenommene, geputzte Makrelen, 2 geachtelte Limetten

Zubereitung:
Olivenöl, Kokosmilch, Limettensaft, Chilis, Oliven und Minze mischen. Makrelen trockentupfen, in die Marinade legen. 1 Stunde marinieren, 2–3 mal wenden. Herausnehmen, in einen Bräter legen, mit Marinade beträufeln. Im vorgeheizten Backofen bei 200 Grad 35–40 Minuten backen.

Anrichten:
Heiß aus dem Ofen servieren, mit Limettenachteln umlegen.

Weintipps:
○ 1998er Numéro 1 blanc, Dourthe, Parempuyre, Médoc, Frankreich
○○ 1998er Sancerre Vielles Vignes, Fourniers Père & Fils, Verdigny, Loire, Frankreich

Tunfisch mit Koriandergrün

Schwierigkeitsgrad: leicht
Zubereitungszeit: 1¼ Stunden

Zutaten für 4 Personen:

1 Essl. gehackte Petersilie, 2 Essl. gehacktes Koriandergrün, 2 Essl. gestoßener schwarzer Pfeffer, 2 zerdrückte Knoblauchzehen, 900 g frischer Tunfisch im Stück, Salz, 0,4 l Olivenöl, 1 geachtelte Zitrone, 150 g geschälte, in Streifen geschnittene gelbe Paprika, je 150 g in Scheiben geschnittene Aubergine und Zucchini, 6–8 Rosmarinstiele, etwa 10–12 frische Salbeiblätter, eventuell frische grüne Chilis

Zubereitung:
Petersilie, Koriander, Pfeffer und Knoblauch mischen. Tunfischstücke leicht salzen, in der Kräutermischung wenden. 0,2 l Olivenöl und Zitronenachtel in einen Bräter geben. Fisch hineinsetzen. Bei 180 Grad im vorgeheizten Ofen 25–30 Minuten garen. Ab und zu mit dem Bratöl beträufeln. Fisch aus dem Ofen nehmen und im Öl abkühlen lassen, dabei mehrere Male wenden.

Vor dem Servieren aus dem Öl nehmen und in gleichmäßige Stücke schneiden. In einer schweren Pfanne restliches Öl erhitzen. Paprika, Auberginen und Zucchini nacheinander mit Rosmarin und Salbei darin unter Rühren je etwa 3–4 Minuten braten. Mit Salz würzen.

Anrichten:
Tunfischstücke und Gemüse mit Kräutern auf Teller verteilen. Eventuell das Bratöl mit den Salbeiblättern in einem Schälchen reichen.

Weintipps:
○ 1997er Sundial Chardonnay, Fetzer Vineyards, Hopland, Mendocino, Kalifornien, USA
○○ 1998er Cloudy Bay Sauvignon, Cloudy Bay, Blenheim, Neuseeland

Leichtes Spiel für Tunfisch

Modern: Fisch mit frischem Koriander. Rezept links

SEEFISCHE
HERBST

Gebackener Rotbarsch mit Lebkuchen

Schwierigkeitsgrad: leicht
Zubereitungszeit: 50 Minuten

Zutaten für 4 Personen:

1 kg küchenfertiger Rotbarsch ohne Kopf,
1 Bund Thymian, 1 Essl. mittelscharfer Senf,
grobes Meersalz, Pfeffer aus der Mühle,
½ Essl. gezupfte Zitronenthymian-Blättchen,
0,15 l trockener Rotwein, 1 Essl. zerbröselter
Lebkuchen, 2 Essl. Butterflöckchen

Zubereitung: Rotbarsch auf beiden Seiten im Abstand von 4 cm quer einschneiden. Thymianbund in die Bauchhöhle legen, zustecken. Mit Senf bestreichen. In einen Bräter legen. Mit Meersalz, Pfeffer und Zitronenthymian bestreuen. Rotwein angießen.
Mit Lebkuchen bestreuen und Butterflöckchen darauf verteilen. Bei 190 Grad etwa 30 Minuten im Ofen backen.

Anrichten: Sauce und Fisch auf vier Teller verteilen, sofort servieren.

Weintipps: • 1997er Chianti Classico „Roberto Stucchi", Badia a Coltibuono, Gaiole in Chianti, Toskana, Italien
•• Château Des Tourtes Cuvée Prestige, Château Des Tourtes, Bordeaux, Saint-Caprais-de-Blaye, Frankreich

Seezungen-Röllchen auf Spinat

Schwierigkeitsgrad: leicht
Zubereitungszeit: 1¼ Stunden

Zutaten für 4 Personen:

3 Essl. Olivenöl, Saft von 1 Zitrone,
2 Essl. gehacktes Basilikum, 8 Seezungenfilets
ohne Haut, 1 gehackte Knoblauchzehe,
30 g Pinienkerne, 400 g geputzter, gewaschener
Spinat, 100 g Sahne, Salz

Zubereitung: 2 Essl. Olivenöl, Zitronensaft und Basilikum mischen. Seezungenfilets darin wenden und mindestens 30 Minuten marinieren. Herausnehmen und mit der gehäuteten Außenseite nach innen aufrollen. Dicht nebeneinander etwa 4–5 Minuten dämpfen. Restliches Olivenöl erhitzen, Knoblauch und Pinienkerne kurz darin wenden. Spinat hinzufügen. Hitze erhöhen und den Spinat dünsten, bis er zusammengefallen und die Feuchtigkeit verdampft ist. Sahne unterrühren, mit Salz abschmecken.

Anrichten: Spinat in der Mitte einer Platte auftürmen, mit Seezungen-Röllchen umlegen.

Weintipps: ○ 1999er Diel de Diel Qualitätswein trocken, Schlossgut Diel, Rümmelsheim, Nahe
○○ 1997er Wachenheimer Böhlig Riesling Spätlese trocken, Dr. Bürklin-Wolf, Wachenheim, Pfalz

SEEFISCHE

Makrelen

Tunfisch

Meeraal

Seezungen

Bis in den Frühherbst hinein werden im nördlichen Atlantik die fettreichen **Makrelen** gefangen. Der rote **Tunfisch** ist das ganze Jahr über erhältlich. Sein dunkles, zartes Filet ist auch roh ein Genuss – etwa als Sashimi. Anders als sein Verwandter aus dem Fluss enthält der **Meeraal** nur wenig Fett – und bietet festes, wohlschmeckendes Fleisch. **Seezungen** zählen zu den edelsten Fischen. Die große Nachfrage der Gourmets und zurückgehende Bestände sorgen für einen hohen Preis.

HERBSTGEMÜSE

Goldene Zeiten für Kürbis & Co

Süße Aromen: Herbstnocken mit Kürbis und Salbei. Rezept auf Seite 90

Von September an hat der K ü r b i s Saison. Kerne und faseriges Inneres einfach herausschaben

HERBSTGEMÜSE
HERBST

Herbstnocken mit Kürbis und Salbei
Schwierigkeitsgrad: mittelschwer
Zubereitungszeit: 1½ Stunden

Zutaten für 4 Personen:
200 g Kürbis ohne Schale und Kerne,
750 g mehlig kochende Kartoffeln,
150 g gekochte, geschälte Maronen,
200 g Mehl, Salz, in Streifen geschnittene Blätter
von 1 Bund Salbei, 200 g Sahne

Zubereitung: Kürbis auf Alufolie im auf 200 Grad vorgeheizten Backofen etwa 40 Minuten backen. Kartoffeln schälen, in Salzwasser weich kochen, gut ausdämpfen und heiß durch eine Kartoffelpresse drücken. Mit Kürbis mischen. Maronen durch ein Sieb rühren, dazugeben. Nach und nach Mehl und etwas Salz einarbeiten. Der Teig sollte locker und luftig sein und gerade nicht mehr an den Händen kleben (ansonsten etwas Mehl hinzufügen). Sofort mit einem Esslöffel Nocken abstechen. Nocken in reichlich kochendem Salzwasser garen, bis sie an die Oberfläche steigen. Salbei mit Sahne aufkochen, leicht salzen. Nocken darin schwenken.

Anrichten: Nocken mit Sauce auf vier vorgewärmte Teller verteilen.

Weintipps: ○ 1998er Sauvignon Vigna Meduna, Borgo Magredo, Spilimvergo, Friaul, Italien
○○ 1997er Condrieu Viognier, E. Guigal, Ampuis, Rhône, Frankreich

Steckrübenbratlinge mit Kaviar
Schwierigkeitsgrad: leicht
Zubereitungszeit: 30 Minuten

Zutaten für 4 Personen:
400 g Steckrüben, Salz, Pfeffer, 50 g Mehl
(Typ 550) zum Panieren, 0,1 l Erdnussöl,
200 g Sahne, 1 Msp. Muskat, 1 Spritzer Zitronensaft, 40 g Kaviar (malossol)

Zubereitung: Steckrüben halbieren und schälen. In ½–1 cm dicke Scheiben schneiden. Von beiden Seiten salzen, pfeffern, mit Mehl bestäuben. In heißem Erdnussöl goldbraun braten (10–15 Minuten), warm halten. Sahne halbfest schlagen, mit Muskat und Zitronensaft abschmecken.

Anrichten: Steckrübenbratlinge auf vier Teller stapeln, mit einem Klacks Sahne und etwas Kaviar krönen.

Weintipps: ○ 1999er Curicò Valley Sauvignon blanc, Caliterra, Santiago, Chile
○○ 1996er Chardonnay IGT, Tasca d'Almerita, Vallelunga Pratameno, Sizilien, Italien

Herbstliche Hochstapelei mit Kaviar

Edles Krönchen: Steckrübenbratlinge mit pikanter Sahne. Rezept links

HERBSTGEMÜSE
HERBST

Gratinierte Schwarzwurzeln

Schwierigkeitsgrad: leicht
Zubereitungszeit: 1 Stunde

Zutaten für 4 Personen:

1 kg Schwarzwurzeln, Salz,
150 g Graved Lachs in Scheiben, Butter
zum Ausfetten der Auflaufform,
4 Essl. Sahne, 3 Essl. in Stücke gebrochener
oder gehobelter Parmesan

Zubereitung: Schwarzwurzeln dünn schälen. In kaltes Wasser legen, damit sie sich nicht verfärben. Salzwasser zum Kochen bringen, Schwarzwurzeln darin 10-12 Minuten kochen. Gut abtropfen lassen. Auflaufform fetten. Lachs und Schwarzwurzeln darin aufeinander schichten. Mit Sahne begießen und mit Parmesan bestreuen. Im auf 200 Grad vorgeheizten Ofen etwa 15 Minuten backen.

Anrichten: Sofort aus der heißen Form servieren. Dazu passen Pellkartoffeln.

Weintipps: ○ 1995er Kamptaler Riesling Kabinett trocken, Fred Loimer, Langenlois, Kamptal, Österreich
○○ 1995er Riesling Italico, Cascina delle Terre Rosse, Finale Ligure, Emilia-Romagna, Italien

Tipp: Für vier Hauptgerichte die Mengen von Lachs und Sahne verdoppeln.

Sellerie mit Maronenfüllung

Schwierigkeitsgrad: leicht
Zubereitungszeit: 1½ Stunden

Zutaten für 4 Personen:

4 Sellerieknollen (je 250–300 g), Salz,
2 Essl. Weißweinessig, 1 Kräutersträußchen (aus
Lorbeer, Thymian, Majoran, Bohnenkraut),
2 Essl. Butter, 80 g geschälte, klein geschnittene
Schalotten, 400 g geschälte, halbierte
Maronen, 300 g Sahne, 0,1 l Portwein, Pfeffer aus
der Mühle, 4 Lammfilets (je 70 g),
1 geschälte zerdrückte Knoblauchzehe

Zubereitung: Sellerieknollen schälen, halbieren. Mit einem Kugelausstecher bis auf einen 1½ cm dicken Rand aushöhlen (Selleriefleisch aufbewahren) und in mit Salz, Essig und dem Kräutersträußchen gewürztem Wasser etwa 15 Minuten kochen. Mit der Öffnung nach unten abtropfen lassen. Butter in einem Topf zerlassen. Schalotten und Maronen darin anschwitzen. 100 g Sahne und Portwein hinzufügen. 10 Minuten köcheln, mit Salz und Pfeffer abschmecken. Die Hälfte pürieren, mit der unpürierten Hälfte mischen. Sellerieknollen mit der Mischung füllen, in eine feuerfeste Form setzen. Mit restlicher Maronenfüllung und dem Selleriefleisch aus den ausgehöhlten Knollen umlegen. Salzen, mit 200 g Sahne begießen. Mit Alufolie bedecken. Bei 200 Grad im Ofen etwa 40–45 Minuten backen. Lammfilets von beiden Seiten je nach Dicke 3–5 Minuten grillen. Mit Salz, Pfeffer und Knoblauch würzen.

Anrichten: Lamm und Sellerie auf vorgewärmten Platten servieren.

Weintipps: ● 1997er Koonunga Hill Cabernet Sauvignon & Shiraz, Penfolds, Magill, Südaustralien
●● 1996er Châteauneuf-du-Pape Cuvée de la Reine Jeanne, Ogier, Châteauneuf-du-Pape, Rhône, Frankreich

Erdig-Deftiges und Farbenrausch

Portwein und Kräuter setzen Akzente: Sellerie mit Maronen und Lammfilet. Rezept links

HERBSTGEMÜSE
HERBST

Fleischtarte mit Trockenfrüchten

Schwierigkeitsgrad: leicht
Zubereitungszeit: 1¼ Stunden

Zutaten für 4 Personen:

250 g Trockenpflaumen, 0,25 l Rotwein, 300 g blanchierte, in dicke Scheiben geschnittene Karotten, 500 g grob gehacktes Kaninchenfleisch aus der Keule, Salz, Pfeffer aus der Mühle, 1 zerdrückte Knoblauchzehe, 8–10 Scheiben luftgetrockneter Schinken (70 g), 200 g Schmand, 2 Eier, grob gezupfte Blättchen von je 1 Zweig Thymian und Rosmarin, 2 Lorbeerblätter

Zubereitung: Pflaumen in Rotwein einweichen, einmal aufkochen. Abkühlen lassen. Pflaumen auf einem Sieb gut abtropfen lassen, mit den Karottenscheiben mischen. Kaninchenfleisch kräftig mit Salz, Pfeffer und Knoblauch würzen. Eine Tarteform so mit Schinkenscheiben auslegen, dass sie über den Rand lappen. Kaninchenfleisch auf dem Schinken verteilen, darauf die Pflaumen-Karotten-Mischung geben. Schmand und Eier verquirlen, auf die Tartefüllung gießen. Mit Kräutern bestreuen, Lorbeerblätter auflegen. Schinkenscheiben über der Füllung zur Mitte schlagen. Mit Alufolie bedecken. Im auf 200 Grad vorgeheizten Ofen 40–45 Minuten backen.

Anrichten: Tarte in vier Portionen schneiden und sofort servieren.

Weintipps: • 1996er Chianti Classico, Castello di Meleto, Gaiole in Chianti, Toskana, Italien
•• 1991er Cabernet Sauvignon, Insignia, Joseph Phelps Vineyards, St. Helena, Napa Valley, Kalifornien, USA

Himmel und Erde

Schwierigkeitsgrad: leicht
Zubereitungszeit: 1 Stunde

Zutaten für 4 Personen:

500 g mehlig kochende Kartoffeln, 80 g fein gewürfelter Schinkenspeck, 2 Essl. Pflanzenöl, 50 g Zwiebelringe, 1 Ei, 1 gehäufter Teel. Kartoffelmehl, 1 Essl. Mehl, 1 Essl. Grieß, 300 g gut abgetropfter Schichtkäse (evtl. durch ein Tuch drücken), Salz, Öl zum Braten, 4 kleine säuerliche Äpfel, 100 g Zucker, 0,15 l Cidre, 400 g geräucherte magere Blutwurst in Scheiben

Zubereitung: Kartoffeln schälen, klein schneiden. In Salzwasser weich kochen. Abgießen, gut abdämpfen. Durch eine Kartoffelpresse drücken. Schinkenspeck in 2 Essl. Öl mit den Zwiebelringen rösten. Zur Kartoffelmasse geben. Ei, Kartoffelmehl, Mehl, Grieß und Schichtkäse einrühren, gut mischen. Salzen. Aus dem Teig flache Plinsen formen. In reichlich Öl bei mittlerer Hitze goldbraun braten, auf Küchenpapier abtropfen lassen und warm halten. Äpfel schälen, Kerngehäuse ausstechen, quer halbieren. Zucker in einer Pfanne karamellisieren. Äpfel von beiden Seiten darin bräunen. Mit Cidre ablöschen. Pfanne mit einem Deckel schließen und die Äpfel noch 3 Minuten dünsten. Blutwurst in wenig Öl in einer Pfanne von beiden Seiten braten.

Anrichten: Plinsen auf vier Teller verteilen. Jeweils mit Apfelhälften und Blutwurst belegen. Eventuell mit Kräutern garnieren.

Weintipps: ○ 1997er Jean Baptiste Riesling Kabinett halbtrocken, Gunderloch, Nackenheim, Rheinhessen
○○ 1998er Jean Léon Chardonnay, Jean Léon, Torrelavit, Penedès, Spanien

Lust auf warme Schmankerln

Deftiger Genuss: Himmel und Erde. Rezept links

HERBSTGEMÜSE
HERBST

Eine satte Portion Gemütlichkeit

Auf Herbstlaub gebettet: Krautwickel mit Käsefüllung. Rezept auf Seite 98

Farbstarke Beilage: rote Bete mit Preiselbeer-Vinaigrette. Rezept auf Seite 98

HERBSTGEMÜSE
HERBST

Krautwickel mit Käsefüllung
Schwierigkeitsgrad: mittelschwer
Zubereitungszeit: 1½ Stunden

Zutaten für 4 Personen:
1 Weißkohl (etwa 400 g Blätter), Salz, 1 Essl. Kümmel, 8 hauchfeine Scheiben Kalbfleisch für Rouladen (ingesamt 500 g), Pfeffer, 200 g Käse in Scheiben (30 Prozent Fett, z. B. zypriotischer Halloumi), 300 g gehobelte rohe Kartoffelscheiben, je 1 Essl. gezupfter Majoran und Thymian, 1 gehackte Knoblauchzehe, 2–3 Essl. Pflanzenöl, 0,15 l Weißwein

Zubereitung: Ganzen Weißkohl in kräftig gesalzenem, mit Kümmel gewürztem Wasser 2–3 Minuten kochen. Äußere Blätter abschälen, wenn sie weich sind. Wiederholen, bis 400 g Blätter gegart sind. Blattrippen entfernen, Blätter trockentupfen. Kalbfleisch salzen und pfeffern. Je nach Größe jede Scheibe Fleisch mit 1–2 Kohlblättern belegen, dann Käse, Kartoffeln, Kräuter und Knoblauch darauf verteilen. Jede belegte Scheibe fest aufrollen, mit Küchengarn zusammenbinden. In einem Bräter in heißem Öl anbraten, mit Weißwein ablöschen. Im auf 200 Grad vorgeheizten Ofen 45 Minuten schmoren. Krautwickel herausnehmen, warm halten. Bratfond durch ein Sieb passieren und aufkochen.

Anrichten: Krautwickel auf vier Teller verteilen. Sauce dazu reichen. Als Beilage passen Stampfkartoffeln.

Weintipps: ○ 1996er Chardonnay, Mulderbosch, Stellenbosch, Südafrika
○○ 1996er Pouilly Fumé Silex, Didier Dagueneau, Saint-Audelain, Loire, Frankreich

Rote Bete mit Preiselbeer-Vinaigrette
Schwierigkeitsgrad: leicht
Zubereitungszeit: 2¼ Stunden

Zutaten für 4 Personen:
1 kg kleine bis mittelgroße rote Bete, 8 Essl. Olivenöl, 2 Essl. Meersalz, 2 Essl. gestoßener schwarzer Pfeffer, 1 rote gewürfelte Zwiebel, 50 g frische Preiselbeeren, 2 Essl. Rotweinessig, 0,1 l Portwein, 1 Essl. Zucker, Salz, 3 Essl. gehackte glatte Petersilie

Zubereitung: Rote Bete kräftig abbürsten. In einem Bräter 6 Essl. Olivenöl, Meersalz und Pfeffer mischen. Rote Bete darin schwenken. Im auf 200 Grad vorgeheizten Ofen 1–1½ Stunden backen. Rote Bete aus der Schale drücken und in Spalten schneiden. 2 Essl. Olivenöl in einem Topf erhitzen. Zwiebelwürfel darin glasig dünsten. Preiselbeeren hinzufügen, kurz erhitzen. Mit Essig und Portwein ablöschen. Mit Zucker und Salz abschmecken und noch warm über die rote Bete gießen. Dann mit der Petersilie mischen.

Anrichten: Passt lauwarm oder kalt zu Kartoffel-, Eier- oder Fleischgerichten.

Weintipps: ● 1997er Spätburgunder „S" Qualitätswein trocken, August Kesseler, Assmannshausen, Rheingau
●● 1996er Bourgogne Pinot noir, Domaine Leroy, Vosne-Romanée, Burgund, Frankreich

HERBSTZUTATEN

Backpflaumen und Karotten

Steckrüben

Rote Bete

Maronen

Süße **Backpflaumen** und feste **Karotten** (ungeschält!) sollten Hobbyköche jetzt horten. Die hohe Küche hat die **Steckrüben** wiederentdeckt. Die großen, gelbfleischigen Knollen sind im Oktober und November auf dem Markt. **Rote Bete** ist ganzjährig erhältlich. Erst garen, dann schälen! **Maronen** schmecken jetzt am besten. Die geschälten Esskastanien kann man süß oder salzig zubereiten.

DESSERTKUCHEN HERBST

Süße Krönung aus dem Ofen

Cremiges Vergnügen: Schokoladen-Mascarpone-Torte. Rezept auf Seite 102

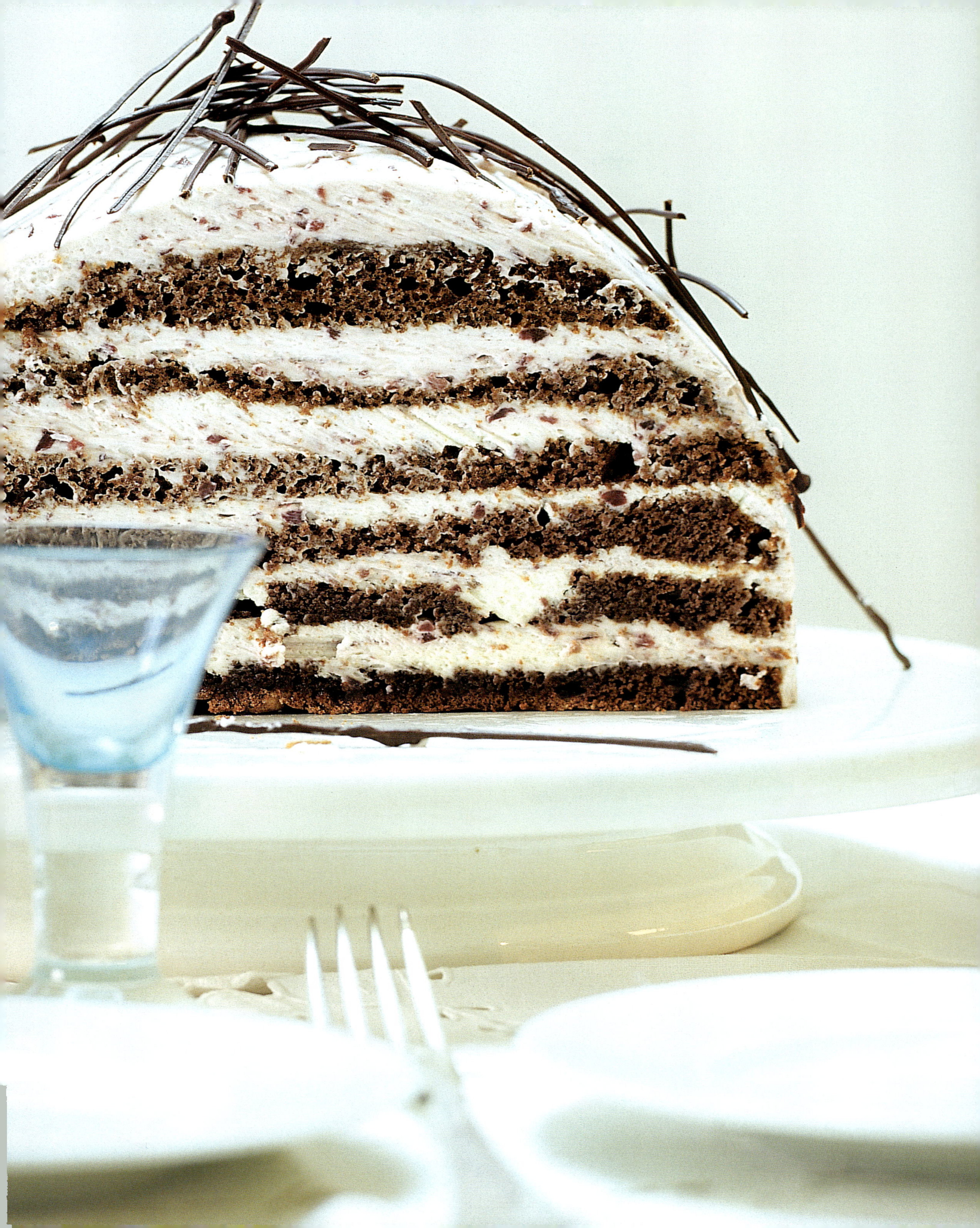

DESSERTKUCHEN
Herbst

Schokoladen-Mascarpone-Torte

Schwierigkeitsgrad: schwer
Zubereitungszeit: 1 Stunde plus je 1 Stunde Back- und Auskühlzeit

Zutaten für 1 Torte:

3 Eigelb, 150 g Zucker, 2 Teel. Vanilleessenz, 2 Essl. Instant-Kaffeepulver, 3 Eiweiß, 150 g Mehl, 30 g Kakao, 1½ Teel. Backpulver, ½ Essl. Butter zum Ausfetten der Form, 250 g Sahne, 30 g Puderzucker, 500 g Mascarpone, 1 Glas Amarenakirschen (250 g), 2 Essl. roter Süßwein (siehe Weintipps), 100 g dunkle Kuvertüre

Zubereitung:
Eigelb, 130 g Zucker und 1 Teel. Vanilleessenz schaumig schlagen. Kaffeepulver in 1–1½ Teel. heißem Wasser auflösen, abkühlen lassen und hinzufügen. Eiweiß mit 20 g Zucker schnittfest schlagen. Unter die Eigelbmasse heben. Mehl, Kakao und Backpulver mischen. Mit einem großen Schneebesen in die Eiermasse rühren. Eine Kugelform (1,5 l, ersatzweise eine ofenfeste Schüssel) einfetten. Masse einfüllen und im auf 180 Grad vorgeheizten Ofen etwa 55 Minuten backen. Aus der Form nehmen, auskühlen lassen. Quer in 5–6 Scheiben schneiden. Sahne mit Puderzucker steif schlagen. 1 Teel. Vanilleessenz und Mascarpone nach und nach einrühren. Kirschen abtropfen lassen, Saft auffangen. Kirschen pürieren, unter den Mascarpone heben. Kirschsaft und Wein mischen. Teigböden damit tränken. Böden auf einer Seite mit Mascarpone bestreichen und zusammensetzen. Rundum mit Creme bestreichen. Kuvertüre im Wasserbad schmelzen (dabei nicht über 30 Grad erhitzen). Zarte Streifen auf Backpapier spritzen, erkalten lassen. Die Torte damit dekorieren, in Portionen schneiden.

Weintipps:
●● 1996er Vin Santo di Chianti Classico, Isole e Olena, Radda, Toskana, Italien*

●● 1996er Dolç de L'Obac, Costers del Siurana, Grallatops, Priorato, Spanien

*In diesem Kapitel finden Sie nur Weintipps der oberen Preisklasse, da Süßweine naturgemäß rar und in guter Qualität kaum unter 25 Mark zu haben sind.

Schwarzbrot-Mohn-Torte mit Vanillecreme

Schwierigkeitsgrad: mittelschwer
Zubereitungszeit: 2 Stunden

Zutaten für 1 Torte (32 cm Durchmesser):

Teig: 5 Eigelb, 5 Eier, 2 Essl. Armagnac, 200 g feiner Zucker, 5 Eiweiß, 100 g geriebene Mandeln, 50 g gemahlener Mohn, 40 g geriebene Bitterschokolade, 150 g im Blitzhacker gemahlenes Schwarzbrot, abgeriebene Schale von 1 unbehandelten Zitrone, 2 Msp. gemahlene Nelken, ½ Teel. gemahlener Zimt, ½ Teel. gemahlener Kardamom

Zubereitung:
Eigelb mit Eiern und Armagnac schaumig schlagen, 150 g Zucker nach und nach hinzufügen. Eiweiß mit 50 g Zucker schnittfest schlagen, locker unter die Eigelbmasse heben. Mandeln, Mohn und Schokolade mischen, locker unterziehen. Schwarzbrot mit Zitrone, Nelken, Kardamom und Zimt mischen. Schnell unter die Masse heben (langes Rühren lässt den Kuchen zu fest werden). Teig in eine mit Backpapier ausgelegte Form füllen. Bei 190 Grad etwa 60–65 Minuten backen. Auskühlen lassen.

Cremefüllung: 0,5 l Milch, 80 g Stärkemehl, 500 g Sahne, 150 g Zucker, 2 Vanilleschoten, 2 Eigelb, 2 Eiweiß, 50 g Puderzucker

Zubereitung:
1 Tasse Milch mit Stärkemehl verrühren. Restliche Milch mit Sahne, Zucker und aufgeschlitzten Vanilleschoten aufkochen. Vanilleschoten entfernen. Stärkemilch unter Rühren in die heiße Milch geben, aufkochen. Von der Herdplatte nehmen, Eigelb einrühren. Eiweiß schnittfest schlagen, unter die Creme heben. Teigplatte quer durchschneiden. Mit Creme füllen. Mit Puderzucker bestäuben, in Portionen schneiden.

Weintipps:
○○ 1997er Château Suduiraut, Langon, Sauternes, Bordeaux, Frankreich

○○ 1996er Torcolato, Maculan, Breganze, Veneto, Italien

Tortenzauber mit Schwarzbrot

Gehaltvolles Stückchen: Schwarzbrot-Mohn-Torte mit Vanillecreme. Rezept links

DESSERTKUCHEN HERBST

Köpfchen mit Kaffeeduft

Espresso-Mohrenköpfe mit weißer Schokoladencreme und Erdbeeren. Rezept Seite 106

Lieblingsstücke zum Dessert

Pfiffige Apfeltarte: Calvados-Renetten auf Blätterteig. Rezept Seite 106

DESSERTKUCHEN
Herbst

Espresso-Mohrenköpfe
Schwierigkeitsgrad: leicht
Zubereitungszeit: 1¼ Stunde

Zutaten für 18 Stück:
250 g Butter, 250 g feiner Zucker, 5 Eier, 125 g Mehl, 125 g Stärkemehl, 0,125 l Eierlikör, Butter zum Ausfetten, 0,5 l Espresso, 50 g weiße Schokolade, 200–250 g Crème fraîche, Erdbeeren, in dünne Scheiben geschnittene

Zubereitung: Butter und Zucker schaumig schlagen. Nach und nach die Eier einrühren. Mehl und Stärke mischen, hinzufügen. Eierlikör unterheben. Muffin-Form einfetten, mit Teig füllen, bei 190 Grad 30 Minuten backen. Mit Espresso tränken. Abkühlen lassen. Schokolade im Wasserbad schmelzen, mit Crème fraîche verrühren. Mohrenköpfe jeweils auf einen Klacks Creme setzen, mit Erdbeerscheiben umlegen.

Weintipps: ○○ Bual Madeira aged 15 years, Cossart Gordon, Funchal, Madeira, Portugal
○○ 1995er Passito Colle del Re, Umberto Cesari, Castel S. Pietro Terme, Emilia-Romagna, Italien

Calvados-Renetten auf Blätterteig
Schwierigkeitsgrad: leicht
Zubereitungszeit: 1 Stunde

Zutaten für 1 Blech:
450 g Tiefkühl-Blätterteig, 6 Renetten (Äpfel, je 150 g), Salz, 4 Essl. Butter, 50 g Zucker, 0,1 l Calvados, 2 Essl. Puderzucker

Zubereitung: Blätterteigplatten aufeinander gelegt auftauen, auf bemehlter Arbeitsfläche ausrollen. Rundherum 1 cm einritzen. Renetten schälen, mit Kerngehäuse in ¾–1 cm dicke Scheiben schneiden. In Salzwasser tauchen, auf Küchenpapier abtropfen lassen. Butter und Zucker in einer Pfanne karamellisieren. Apfelscheiben anbraten, vor dem Wenden mit Calvados beträufeln. Scheiben fächerartig auf den Teig legen. Bei 220 Grad 30 Minuten backen. Mit Puderzucker bestäuben, weitere 10–15 Minuten backen. In Portionen schneiden.

Weintipps: ○○ 1994er Wehlener Sonnenuhr Riesling Auslese trocken, J. J. Prüm, Bernkastel-Wehlen, Mosel-Saar-Ruwer
○○ 1998er Jurançon „Symphonie de Novembre", Domaine Cauhapé, Monein, Südwestfrankreich

Kleine Backpflaumenkuchen
Schwierigkeitsgrad: mittelschwer, Zubereitungszeit: 1½ Stunden

Zutaten für 4 Kuchen (je 12 cm Durchmesser):
Kuchen: 500 g Backpflaumen, 0,25 l roter Süßwein (siehe Weintipps), 250 g Mehl, 150 g Butterflöckchen, 2 Eigelb, 1 Prise Salz, 50 g Zucker, Trockenerbsen zum Blindbacken
Tortenguss: 200 g Sahne, 0,2 l Milch, 1 aufgeschlitzte Vanillestange, 4 Eigelb, 4 Eiweiß, 1 Essl. abgeriebene Zitronenschale

Zubereitung: Backpflaumen im Süßwein einmal aufkochen. Im Wein abkühlen, dann gut abtropfen lassen. Aus den restlichen Kuchenzutaten einen Mürbeteig kneten. In Klarsichtfolie 30 Minuten im Kühlschrank ruhen lassen. Teig zwischen Folie ausrollen, 4 Formen damit auslegen. Mit Pergament überlappend belegen, Erbsen einfüllen. Bei 200 Grad 15 Minuten blindbacken. Papier und Erbsen entfernen. Pflaumen auf den Tortenböden verteilen. Für den Tortenguss Sahne, Milch, Zitronenschale und Vanillestange aufkochen. Vanillestange entfernen. Eigelb unter Rühren hinzufügen. Etwas abkühlen lassen. Eiweiß fest schlagen, unter die Creme heben. Auf den Törtchen verteilen. Bei 200 Grad 30 Minuten backen.

Weintipps: ●● 1985er Amabile del Cerè, Guiseppe Quintarelli, Negrar, Valpolicella, Veneto, Italien
●● 1999er Banyuls Parcé Feres, Domaine de la Rectorie, Banyuls-sur-Mer, Languedoc-Roussillon, Frankreich

Zum Schluss noch ein Törtchen

Mit einem Schuss Süßwein: Backpflaumenkuchen. Rezept links

DESSERTKUCHEN
HERBST

Mandelkuchen mit Heidelbeeren

Schwierigkeitsgrad: leicht
Zubereitungszeit: 1 Stunde

Zutaten für 1 Kuchen (25 x 25 cm):
4 Eiweiß, 150 g Zucker, 2 Päckchen Vanillezucker, 60 g zerlassene Butter, 40 g Mehl, 40 g geriebene Mandeln, 250 g Heidelbeeren, 6–8 Essl. Portwein, ½ Glas Heidelbeerkonfitüre, 2–3 Essl. Zucker

Zubereitung: Eiweiß, Zucker und Vanillezucker steif schlagen. Butter unterheben. Mehl und Mandeln mischen, über die Eiermasse streuen und mit einem Schneebesen locker unterziehen. Backform mit Backpapier auslegen, Teig einfüllen. Im auf 180 Grad vorgeheizten Backofen etwa 30–35 Minuten backen, abkühlen lassen. Heidelbeeren etwa 20 Minuten in Portwein marinieren, abtropfen lassen. Portwein mit der Heidelbeerkonfitüre aufkochen. Heiß auf den Kuchen streichen. Mit den Heidelbeeren belegen, mit Zucker bestreuen. Torte in Portionen schneiden.

Weintipps: ●● 1998er Banyuls Cuvée Léon Parcé, Domaine de la Rectorie, Banylus-sur-Mer, Languedoc-Roussillon, Frankreich
●● 1992er Vintage Port, Niepoort, Porto, Portugal

Haselnuss-Meringen

Schwierigkeitsgrad: mittelschwer
Zubereitungszeit: 1 Stunde plus Marinierzeit

Zutaten für etwa 15 Meringen:
60 g Haselnusskerne, 60 g Walnusskerne, 50 g ungesalzene Pistazienkerne, 5 Eiweiß, 200 g feiner Kristallzucker, 1 Prise Salz, 5 gehäutete, in Spalten geschnittene Pfirsiche (je 120 g), 5 Essl. Zitronensaft, 0,15 l Sherry oder Süßwein, 300 g Schlagsahne, 3 Eigelb, 50 g Puderzucker

Zubereitung: Hasel- und Walnüsse in einer Pfanne rösten. Mit Küchenpapier die Häute abreiben. Nüsse im Blitzhacker fein hacken. Pistazien grob hacken. Eiweiß schnittfest schlagen, Kristallzucker einrieseln lassen, zu Baisermasse aufschlagen. Nussmischung und Salz unterheben. Backofen auf 160 Grad vorheizen. Teig 1 cm dick und mit etwa 8 cm Durchmesser auf Backpapier geben (am besten mit Hilfe von Ringen). Etwa 45 Minuten backen. Vom Papier lösen, auskühlen lassen. Pfirsichspalten mit Zitronensaft und Dessertwein mischen, etwa 3 Stunden ziehen lassen. Meringen mit Schlagsahne bestreichen. Pfirsiche abtropfen lassen (Pfirsichmarinade aufbewahren), auf die Meringen verteilen. Meringen eventuell mit Zucker garnieren. Für ein Sabayon Eigelb mit Puderzucker im Wasserbad schaumig schlagen. 2 Essl. Pfirsichmarinade hinzufügen. Sabayon dazu reichen.

Weintipps: ○○ Pedro Ximénez Sherry, Hidalgo, Sanlucar de Barrameda, Spanien
○○ 1996er Pinot Cuvée Ruster Ausbruch, Feiler-Artinger, Rust, Neusiedlersee, Österreich

Leicht und zart wie der erste Schnee

Belegtes Baiser: Haselnuss-Meringen mit Pfirsichen. Rezept links

An düsteren und trüben Wintertagen bringen reife **Zitrusfrüchte** ein bisschen Farbe ins Leben. Grapefruits, Kumquats und Pomeranzen sind Zutaten für süßsaure oder exotische Überraschungen. Kalte Luft macht Lust auf Fleisch: Frauke Koops präsentiert **Braten** — auch für die nahenden Feiertage. Mit Truthahn und Reh, Rind und Schwein. Und nach einem großen Festmenü kommen **Friandises** auf den Tisch: kleine Verführer aus Früchten oder Schokolade. Die passen das ganze Jahr über bestens zum Kaffee.

WINTER

Geben dem grauen Winter Saures: Zitronen aus Sizilien

BRATEN
WINTER

Erfolgsrezept für die Feiertage

Weihnachtsgrüße aus Norwegen: Rehbraten mit Käsefüllung. Rezept auf Seite 114

BRATEN WINTER

Norwegische Rehkeule

Schwierigkeitsgrad: mittelschwer
Zubereitungszeit: 3 Stunden plus
1 Nacht Marinierzeit

Zutaten für 6 Personen:

1 küchenfertige Rehkeule (2,5 kg),
3 l Buttermilch, je 1 Bund Thymian, Majoran und
Petersilie, 4 Pimentkörner, 10 Wacholderbeeren,
1½ Teel. schwarze Pfefferkörner,
1 geschälte, grob geschnittene Zwiebel (40 g),
250 g Gjetost (norwegischer Ziegen-
schnittkäse; in vielen Käseläden erhältlich),
1 Essl. Pflanzenöl, 1 Essl. Butter, 0,5 l Milch,
250 g Crème fraîche, 125 g Sahne

Am Vortag: Keule am oberen Ende bis zum Gelenk entbeinen – dabei entsteht eine Fleischtasche. Den unteren Knochen stehen lassen. Über Nacht in Buttermilch legen.

Zubereitung: Rehkeule abtropfen lassen, trockentupfen. Kräuter, Piment, Wacholderbeeren, Pfeffer und Zwiebel möglichst fein hacken. Keule innen und außen mit der Mischung einreiben. Die Hälfte des Käses zerbröseln und in die Fleischtasche des entbeinten Keulenteils streuen. Fleischränder zuklappen und mit Küchengarn zubinden. Öl und Butter in einem Schmortopf erhitzen. Keule darin rundum anbraten. Milch zufügen. Fleisch bei geschlossenem Deckel etwa 2½ Stunden schmoren. Keule herausnehmen und warm stellen. Bratenfond durch ein Sieb gießen. Mit Crème fraîche und Sahne aufkochen, etwas einkochen lassen.

Anrichten: Küchengarn entfernen. Rehkeule aufschneiden, Sauce angießen. Dazu passen blanchierte, gebratene Weißkohlblätter und karamellisierte Preiselbeeren.

Weintipps: • 1997er Crozes-Hermitage, Domaine Combier, Tain-l'Hermitage, Rhône, Frankreich
•• 1995er Clos Magador, René Barbier, San Sarduní d'Anoia, Priorato, Katalonien, Spanien

Kalbsbraten

Schwierigkeitsgrad: leicht
Zubereitungszeit: 3 Stunden

Zutaten für 4 Personen:

1,4 kg Kalbskotelett am Stück (beim
Metzger mit geputzten Rippenenden vorbestellen),
Salz, schwarzer Pfeffer aus der Mühle,
2 Essl. gehackte gemischte Kräuter (z. B. Kerbel,
Koriander, Zitronenmelisse, Petersilie,
Schnittlauch), 1 Dose Tunfisch im eigenen Saft
(nicht in Öl), 1 in hauchdünne
Scheiben geschnittene unbehandelte Zitrone

Zubereitung: Fleisch mit Salz und Pfeffer würzen. Kräuter mit Tunfisch und Saft zu einer Paste pürieren. Dabei die Flüssigkeit nach und nach zugeben, die Paste soll streichfest sein. Die fette Haut des Kalbsrückens vom Fleisch trennen, aber nicht ganz ablösen. Zitronenscheiben und Tunfischpaste auf dem Fleisch verteilen. Fette Haut darüber legen, mit Küchengarn festbinden. Rippenenden zum Schutz gegen die Ofenhitze mit Alufolie umwickeln. Auf dem Bratenrost bei 190 Grad etwa 2–2½ Stunden garen. Dabei Endstücke der Zitrone mitgaren.

Anrichten: Küchengarn entfernen, Fleisch tranchieren. Mit Zitronen-Endstücken dekorieren. Dazu passen weiße oder Teltower Rübchen.

Weintipps: ○ 1998er Sancerre Cuvée Florès, Vincent Pinard, Sancerre, Loire, Frankreich
○○ 1995er Château Pape-Clément blanc, Pessac, Pessac-Léognan, Bordeaux, Frankreich

Saftiger Höhepunkt des Menüs

Tunfisch-Kräuter-Paste sorgt für Aroma: Braten vom Kalb. Rezept links

BRATEN WINTER

Schweinekarree mit Fenchelgemüse

Schwierigkeitsgrad: leicht
Zubereitungszeit: 1¾ Stunde

Zutaten für 4 Personen:

1 geputzte, längs in sehr feine Scheiben geschnittene Fenchelknolle (200 g), Salz, 1 kg Schweinekarree mit Knochen, 2 gehackte Knoblauchzehen, 1 Teel. Fenchelsamen, 1 Teel. gestoßener schwarzer Pfeffer, 1 Essl. Pflanzenöl, 0,1 l Weißwein, 150 g Sahne

Zubereitung: Fenchelscheiben salzen, 30 Minuten ziehen lassen. Fleisch leicht vom Knochen lösen, aber nicht abtrennen. Knoblauch, Fenchelsamen, Pfeffer und Salz mischen. Fleisch damit von allen Seiten einreiben. In Öl anbraten. Fenchelscheiben zwischen Knochen und Fleisch legen, das Ganze mit Küchengarn wieder in Form binden. Im Backofen bei 190 Grad etwa 1–1¼ Stunden braten. Etwa 1 Tasse Wasser während des Bratens nach und nach zugeben. Fleisch herausnehmen, warm halten. Bratensatz mit Wein ablöschen. Durch ein Sieb geben. Sahne zufügen, etwas einkochen lassen. Mit Salz und Pfeffer abschmecken.

Anrichten: Küchengarn entfernen. Fleisch vom Knochen lösen und in Scheiben schneiden. Sauce angießen. Dazu passen Rosmarinkartoffeln.

Weintipps: ○ 1998er Chardonnay d'Honneur, De Wetshof Estate, Robertson, Südafrika
○○ 1998er Jurançon sec „Noblesse du Petit Manseng", Domaine Cauhapé, Monein, Südwestfrankreich

Ochsenfilet in der Brioche-Kruste

Schwierigkeitsgrad: mittelschwer, Zubereitungszeit: 1 Stunde plus 1 Nacht Ruhezeit für den Teig

Zutaten für 4 Personen:

Brioche-Teig (am Vortag): 330 g Mehl, 8 g frische Hefe, 0,1 l lauwarmes Wasser, 3 Eier, 200 g weiche Butter, 1 Msp. Salz
Füllung: 4 Essl. Butter, 200 g klein gehackte braune Champignons, Salz, schwarzer Pfeffer aus der Mühle, 1 Essl. Wermut, 1 Essl. fein gehackte glatte Petersilie, 500 g Ochsenfilet, 3 dünne Scheiben geräucherter Speck, Mehl zum Ausrollen, 1 Eigelb

Am Vortag: 80 g Mehl mit Hefe und Wasser zu einem Vorteig verkneten. Zugedeckt bei Zimmertemperatur bis zum doppelten Volumen aufgehen lassen. Dann mit restlichem Mehl (250 g) und Eiern zu einem elastischen Teig verarbeiten. Nach und nach Butter und Salz unter den Teig kneten. Über Nacht zugedeckt kühlen.

Zubereitung: 2 Essl. Butter in einer Pfanne erhitzen, Champignons etwa 10 Minuten darin dünsten, bis die Flüssigkeit verdampft ist.

Mit Salz, Pfeffer und Wermut kräftig abschmecken, pürieren. Petersilie zufügen und erkalten lassen. Filet mit Speck umwickeln. Restliche Butter erhitzen, Filet darin von allen Seiten kurz anbraten. Brioche-Teig auf wenig Mehl etwa 5 mm dick ausrollen, sodass das Fleisch darin eingewickelt werden kann. Teig mit Champignoncreme bestreichen, 1–2 cm breite Ränder frei lassen. Filet in den Teig wickeln, Enden gut verschließen. Mit Eigelb bestreichen. Im Backofen bei 200 Grad 30–40 Minuten backen. Danach 5 Minuten ruhen lassen.

Anrichten: Filet mit einem Elektromesser aufschneiden und servieren.

Weintipps: ● 1997er Shiraz, Bowen Estate, Coonawarra, Südaustralien
●● 1995er Vinha Pan, Luis Pato, Anadia, Portugal

Schönes Geschenk aus dem Backofen

Perfekt rosa gebraten: Ochsenfilet in der Brioche-Kruste. Rezept links

BRATEN WINTER

Roastbeef mit Pecorino-Kruste

Schwierigkeitsgrad: leicht
Zubereitungszeit: 1½ Stunden

Zutaten für 4 Personen:

1 Essl. schwarze Pfefferkörner, 1 Essl. grobes Meersalz, 1½ Essl. fein gehackte Kräuter (z. B. Rosmarin, Oregano, Basilikum, Salbei, Thymian; einige ganze Blätter für die Garnitur zurücklassen), 1 kg schieres Roastbeef (ohne Knochen, Sehnen und Fett), 3 Essl. Butter, 2–3 Essl. zerkrümeltes Weißbrot vom Vortag, 3 Eigelb, 75 g geriebener Pecorino

Zubereitung: Pfefferkörner, Meersalz und Kräuter im Mörser zerreiben. Roastbeef damit von allen Seiten einreiben. Butter in einer Pfanne aufschäumen. Roastbeef darin von allen Seiten anbraten. Auf einen Bratrost legen und im Ofen bei 180 Grad 40 Minuten braten. Das Fleisch sollte auf Fingerdruck leicht nachgeben. Weißbrotkrümel mit Eigelb und Pecorino mischen. Die Oberseite des Roastbeefs damit bestreichen. Fleisch weitere 15 Minuten braten. Ofenhitze ausschalten. Ofen öffnen und das Fleisch auf der Vorderkante des Rosts etwa 10 Minuten ruhen lassen.

Anrichten: Roastbeef in dünne Scheiben schneiden. In Butter geschwenkte Kräuter darauf verteilen. Dazu passt Polenta.

Weintipps: • 1997er Barbera d'Alba, Luciano Sandrone, Barolo, Piemont, Italien
•• 1997er Quatr Nas, Valentino Rocche dei Manzoni, Monforte d'Alba, Piemont, Italien

Gefüllte Truthahnbrust

Schwierigkeitsgrad: mittelschwer
Zubereitungszeit: 1 Stunde

Zutaten für 4 Personen:

1 kg flach geschnittene Truthahnbrust zum Aufrollen, Salz, Pfeffer aus der Mühle, 200 g Kalbsbrät (rohe Kalbsbratwurst ohne Hülle), 2 Essl. Cognac, 200 g geschälte und klein geschnittene frische Maronen (Esskastanien), 2 Essl. gezupfte glatte Petersilie, 4 dünne Scheiben luftgetrockneter Schinken (70 g), 3 Essl. Butter, 0,3 l Portwein, 200 g geschälte Schalotten, 2 Essl. Pflanzenöl, 0,1 l Gemüsebrühe

Zubereitung: Truthahnbrust von beiden Seiten salzen und pfeffern. Kalbsbrät mit Cognac verrühren. Auf die obere Fleischseite streichen. Maronen, Petersilie und Schinken darauf verteilen. Von der Längsseite her aufrollen. Mit Küchengarn zusammenbinden. Butter in einem Bräter erhitzen. Fleisch darin von allen Seiten anbraten. Mit 1 Essl. Portwein ablöschen. Im Backofen bei 190 Grad etwa 45 Minuten braten. Restlichen Portwein nach und nach über das Fleisch gießen. Schalotten in heißem Pflanzenöl schwenken, auf ein Stück Alufolie geben und neben dem Rollbraten auf den Rost legen. Am Ende der Garzeit aus dem Ofen nehmen, warm stellen. Fond mit Gemüsebrühe ablöschen, noch einmal aufkochen und durch ein Sieb gießen.

Anrichten: Fleisch aufschneiden. Mit Sauce und Schalotten servieren.

Weintipps: ○ 1998er Weißburgunder Spätlese***, Reinhold und Cornelia Schneider, Endingen, Baden
○○ 1998er Pouilly-Fuissé Terroir de Vergisson, Merlin, Vergisson, Maçônnais, Burgund, Frankreich

Hauptdarsteller bei den Festspielen

Maronen und Schinken inklusive: gerollte Truthahnbrust mit Kalbsbrät-Füllung. Rezept links

ZITRUSFRÜCHTE
WINTER

Die dattelgroßen Kumquats schmecken wie süßsaure Orangen. Die weiche Schale wird mitgegessen.

Ein Traum in Orange

Macht Laune: Orangen-Karotten-Suppe mit Kumquats. Rezept auf Seite 122

ZITRUSFRÜCHTE WINTER

Orangen-Karotten-Suppe mit Kumquats

Schwierigkeitsgrad: leicht
Zubereitungszeit: 30 Minuten

Zutaten für 4 Personen:

200 g Minikarotten, Salz, 2 Essl. Butter, ½ Essl. in feine Streifen geriebene Orangenschale, 1 kleine, gewürfelte Zwiebel, 0,4 l Hühnerfond, 0,35 l frisch gepresster Orangensaft, Pfeffer aus der Mühle, je 1 Prise Muskat und Cayennepfeffer, 80 g Crème fraîche, 2 in dünne Scheiben geschnittene Kumquats, 4 dünne Orangenscheiben ohne Schale für die Dekoration

Zubereitung: Karotten mit Salz abreiben, abspülen. 8 Karotten ganz lassen, den Rest in feine Streifen schneiden. Butter in einem Topf erhitzen, Orangenschale und Zwiebelwürfel darin dünsten. Karottenstreifen und ganze Karotten zugeben und mitdünsten. Nach 3–4 Minuten die ganzen Karotten herausnehmen, beiseite stellen. Hühnerfond angießen, 7–8 Minuten köcheln. Pürieren, Orangensaft zufügen. Nochmals erhitzen. Mit Pfeffer, Muskat und Cayennepfeffer abschmecken. Crème fraîche unterrühren.

Anrichten: Auf vier Teller verteilen, mit Orangen- und Kumquat-Scheiben und halbierten Karotten belegen.

Weintipps: ○ 1998er Viognier Réserve, Domaine de Moulines, Mudaison, Languedoc-Roussillon, Frankreich
○○ 1999er Naoussa Blanc de Noirs, Nikos Fountis, Strantza, Mazedonien, Griechenland

Limetten-Kaninchen aus der Pfanne

Schwierigkeitsgrad: leicht
Zubereitungszeit: 1½ Stunden plus 2 Stunden Marinierzeit

Zutaten für 4 Personen:

Kaninchen: 1 küchenfertiges Kaninchen (etwa 1,2 kg), 1 in feine Scheiben geschnittene Limette, 3–4 Essl. Limettensaft, 6 Essl. Olivenöl, Salz, Pfeffer aus der Mühle, 5 Thymianzweige, 6–8 Safranfäden, 1 Essl. frisch geriebener Ingwer

Zubereitung: Kaninchen in 8 Portionen zerlegen. Jedes Stück mit einer Limettenscheibe belegen, mit Küchengarn festbinden. Limettensaft, 4 Essl. Öl, Salz, Pfeffer und Thymian mischen. Über das Fleisch gießen, etwa 2 Stunden marinieren. Das Fleisch herausnehmen und abtropfen lassen. Marinade aufheben. In einer Pfanne restliches Öl erhitzen, Kaninchenfleisch darin rundum anbraten. Mit der Marinade ablöschen. Safran mit 2 Essl. heißem Wasser überbrühen, hinzufügen. Bei geschlossenem Deckel etwa 40 Minuten schmoren. Nach 30 Minuten den Ingwer einrühren.

Kürbisreis: 3 Essl. Öl, 1 fein gewürfelte Schalotte, 300 g gewürfelter frischer Kürbis, 125 g Langkornreis, 0,3 l Gemüsefond, ½ Teel. Salz

Zubereitung: Öl in einem Topf erhitzen. Schalotte und Kürbis darin glasig dünsten. Reis hinzufügen. Fond angießen, salzen. Aufkochen, im geschlossenen Topf 10 Minuten quellen lassen.

Anrichten: Fleisch auf vier Teller verteilen. Kürbisreis dazu reichen.

Weintipps: ○ 1998er Ried Dürnsteiner Kellerberg Riesling Smaragd Weingut F. X. Pichler, Wachau, Österreich
○○ 1996er Vouvray Le Haut Lieu, Domaine Huët, Vouvray, Loire, Frankreich

Eine grüne Note mit Limette

Gut verschnürt: gebratenes Kaninchen mit Limettenscheiben. Rezept links

ZITRUSFRÜCHTE
WINTER

Sonniges gegen den Winter-Blues

Süßsaure Beilage: Zitronen-Chutney mit Rosinen. Rezept auf Seite 126

Partner für Pasteten und Geflügel: Cedro-Relish. Rezept auf Seite 126

ZITRUSFRÜCHTE WINTER

Zitronen-Chutney

Schwierigkeitsgrad: leicht, Zubereitungszeit: 1½ Stunden plus ein Tag Marinierzeit

Zutaten für etwa 800 ml:

4 große, in kleine Stücke geschnittene Zitronen, 250 g geschälte Schalotten, Salz, 150 g Zucker, 350 ml Weißweinessig, 100 g helle Rosinen, 1 Essl. Senfkörner, 20 g frischer, in Scheiben geschnittener Ingwer, ½ Essl. Cayennepfeffer

Zubereitung: Zitronen und Schalotten in eine Schüssel geben, leicht salzen. Zugedeckt über Nacht ziehen lassen. Tags darauf Zucker in einem Topf karamellisieren. Zitronen-Mischung zufügen, erhitzen. Mit restlichen Zutaten dicklich einkochen. Heiß in Gläser füllen, dicht verschließen. Kühl aufbewahren, nach dem Öffnen zügig verbrauchen.

Tipp: Passt zu kaltem Fleisch.

Cedro-Relish

Schwierigkeitsgrad: leicht, Zubereitungszeit: 45 Minuten plus Ruhezeit

Zutaten für etwa 1200 g:

250 g Kumquats, ½ Cedro (siehe Warenkunde Seite 131; beim Gemüsehändler bestellen, ersatzweise 2 unbehandelte Zitronen), 2 Blutorangen, Salz, 200 g frische oder tiefgekühlte Brombeeren, 250 g flüssiger Honig

Zubereitung: Kumquats, Cedro und Blutorangen in hauchfeine Scheiben schneiden (am besten mit einer Aufschnittmaschine). 2 Liter gesalzenes Wasser zum Kochen bringen. Zitrusfrüchte hinzufügen, einmal aufwallen lassen, abgießen und gut abtropfen lassen. Zitrusfrüchte vorsichtig mit Beeren und Honig mischen. Zudecken und über Nacht im Kühlschrank ziehen lassen.

Tipp: Passt als Beilage zu Geflügel und Pasteten.

Leber karibisch

Schwierigkeitsgrad: leicht
Zubereitungszeit: 1 Stunde

Zutaten für 4 Personen:

2–3 Essl. Zitronensaft, 2 Essl. Orangensaft, 1 Teel. grob gemahlener Pfeffer, ½ Teel. gemahlener Piment, je ½ Bund gehackter Salbei und Estragon, 1 Stange in Ringe geschnittenes Zitronengras, 600 g in Stücke geschnittene Leber, 1–2 Essl. Mehl zum Bestäuben, 1–2 Essl. geschmacksneutrales Öl, 250 g fein gewürfelter Staudensellerie, 2 gewürfelte Knoblauchzehen, 1 fein gewürfelte Zwiebel, Salz, 4 abgezogene, entkernte und gewürfelte Tomaten

Zubereitung: Aus Zitronen- und Orangensaft, Pfeffer, Piment, Salbei, Estragon und Zitronengras eine Marinade anrühren. Leberstücke für etwa 30 Minuten einlegen. Herausnehmen, abtropfen lassen, in Mehl wälzen.
Öl in einer Pfanne erhitzen. Leber darin von beiden Seiten braten. Aus der Pfanne nehmen, warm halten. Im verbleibenden Fett Staudensellerie, Knoblauch und Zwiebel glasig dünsten. Marinade zufügen. Mit Salz abschmecken. Tomatenwürfel unterrühren.

Anrichten: Gemüse und Leberstücke nebeneinander auf vier Teller verteilen.

Weintipps: • 1997er Zinfandel „Cœur du Val", Elyse Cellars, Rutherford, Napa Valley, Kalifornien, USA
•• 1985er Castillo Ygay Gran Reserva, Marquès de Murrieta, Logroño, Rioja, Spanien

Ein Hauch von Exotik

Karibisch: mit Orangen- und Zitronensaft marinierte Leber. Rezept links

ZITRUSFRÜCHTE
WINTER

Freche Farben und Vitamine

Pikante Angelegenheit: Blutorangen-Salat mit Koriander. Rezept auf Seite 130

Aufgefädelt: Pomeranzen in Sirup. Rezept auf Seite 130

ZITRUSFRÜCHTE WINTER

Blutorangen-Salat mit Koriander

Schwierigkeitsgrad: leicht
Zubereitungszeit: 20 Minuten
plus 2 Stunden Marinierzeit

Zutaten für 4 Personen:

4 Blutorangen, 1 geschälte rote Zwiebel,
150 g geschälter milder Rettich,
2 Essl. gezupfte Korianderblättchen, Salz,
2 fein gehackte, frische rote Chilischoten (ohne die
Samen, die enthalten die meiste Schärfe!)

Zubereitung: Orangen mit einem sehr scharfen Messer bis aufs Fruchtfleisch schälen. In dünne Scheiben schneiden. Zwiebel und Rettich in dünne Scheiben hobeln. In einer Schale Orangen, Zwiebel- und Rettichscheiben und Koriander aufeinander schichten (einige Korianderblättchen für die Dekoration aufheben), dabei jede Schicht mit Salz und Chili würzen. 2 Stunden im Kühlschrank ziehen lassen.

Anrichten: Mit frischem Koriander bestreuen.

Weintipps: ○ 1998er Iphöfer Kronsberg Scheurebe Spätlese trocken, Hans Wirsching, Iphofen, Franken
○○ 1997er Fronholz Gewürztraminer Vendage tardive, Domaine Ostertag, Epfig, Elsass

Pomeranzen in Sirup

Schwierigkeitsgrad: mittelschwer
Zubereitungszeit: 3 Stunden plus
etwa 4 Stunden zum Wässern

Zutaten für etwa 1,5 kg:

10 Pomeranzen (Bitterorangen),
1 leicht gehäufter Teel. Salz, etwa 1¼ l frisch
gepresster Orangensaft, 900 g Zucker,
3 Zimtstangen, 4 Essl. Weinbrand

Zubereitung: Pomeranzen heiß abwaschen. Schale dünn abreiben und anderweitig verwenden (tiefkühlen ist möglich). Pomeranzen vierteln, Saft auspressen, beiseite stellen. Die Spitzen der Fruchtviertel aufeinander drücken. Mit einer großen Nadel alle Viertel auf Küchengarn auffädeln.

In einen großen Topf geben, mit Wasser bedecken, salzen und etwa 25 Minuten köcheln lassen. Dann unter fließendem Wasser abspülen. Wieder mit frischem Wasser bedecken. Viermal wiederholen, bis das Wasser klar bleibt und die Bitterstoffe aus den Früchten herausgezogen sind. Den ausgepressten Pomeranzensaft mit Orangensaft auf 1½ Liter auffüllen. Mit Zucker, Zimt und Weinbrand etwa 1 Stunde im offenen Topf zu Sirup einkochen.

Pomeranzenviertel an der Schnur hinzufügen und kochen, bis sie glasig sind und eine goldene Farbe haben.

Anrichten: Mit Frischkäse oder griechischem Jogurt auf Orangenblättern als Dessert servieren.

Weintipps: ○ 1995er Orange Muscat „Essensia", Quady Winery, Madera, Central Valley, Kalifornien, USA
○○ 1995er Vin de Paille, Alain Labet, Rotalier, Jura, Frankreich

Tipp: Die Pomeranzen in Sirup passen auch als Beilage zu dunklem Fleisch, gebratenem Fisch, Wild und Pasteten.

ZITRUSFRÜCHTE

Limetten

Bitterorangen

Blutorangen

Cedro

Die rundlichen Limetten haben ein besonders kräftiges, sauer-fruchtiges Aroma. Pomeranzen oder Bitterorangen sind frisch kein Genuss. Sie eignen sich zur Herstellung von Orangenmarmelade. Die rotfleischigen Blutorangen lassen sich zu köstlichem, süßherbem Saft pressen. Aus der Cedro oder Zedratzitrone wurde früher Zitronat hergestellt. Die Frucht mit der dicken Schale eignet sich gut zum Kandieren.

FRIANDISES
WINTER

Widerstand zwecklos: Datteln mit Espresso-Cremefüllung. Rezept auf Seite 134

Kleinkunst zum Vernaschen

Exotik auf dem Petits-Fours-Teller: Praline mit Physalis. Rezept auf Seite 134

FRIANDISES WINTER

Datteln mit Espresso-Cremefüllung

Schwierigkeitsgrad: mittelschwer
Zubereitungszeit: 45 Minuten

Zutaten für 6 Stück:

2 Eigelb, 40 g Zucker, Mark von 1 Vanilleschote, 3 Blatt eingeweichte weiße Gelatine, 0,1 l doppelt starker, kalter Espresso, 100 g steif geschlagene Sahne, 12 frische Datteln, Mandelscheiben und einige Krümel Instant-Espresso für die Garnitur

Zubereitung: Eigelb, Zucker und Vanillemark schaumig rühren. Gelatine in 2 Esslöffeln Espresso langsam erwärmen und auflösen. Mit dem restlichen Espresso zur Eiercreme geben. In den Kühlschrank stellen. Wenn die Creme zu gelieren beginnt, die Schlagsahne locker unterheben. In einen Spritzbeutel mit mittelgroßer Tülle füllen. Datteln halbieren und entkernen. Creme in die Datteln spritzen. Im Kühlschrank kalt werden lassen. Mit Mandeln verzieren und mit Espressokrümeln bestreuen (die Krümel zerlaufen sofort).

Schokoladenhütchen mit Physalis

Schwierigkeitsgrad: mittelschwer
Zubereitungszeit: 45 Minuten

Zutaten für 6 Stück:

100 g Blockschokolade, 2 Teel. geschmacksneutrales Öl, 12 Konfektmanschetten aus Alufolie (in Konditoreien erhältlich), 100 g Zartbitterschokolade, 50 g Puderzucker, 3 Essl. Rum, 50 g Sahne, 12 Physalis (auch Kapstachelbeeren genannt)

Zubereitung: Blockschokolade auf dem Wasserbad – nicht über 30 Grad – schmelzen und Öl unterrühren. Manschetten mit der Schokolade auspinseln oder ausgießen. Im Froster kurze Zeit erstarren lassen. Vorsichtig aus den Manschetten lösen. Bitterschokolade auf dem Wasserbad schmelzen. Zügig mit Puderzucker, Rum und Sahne aufschlagen. Sofort in einen Spritzbeutel füllen und in die Manschetten spritzen. Physalisblätter nach oben ziehen und die Frucht auf die Schokoladenfüllung drücken.

Tipp: Die Schokoladencreme zügig verarbeiten, sie wird schnell fest. Notfalls nochmal aufschlagen.

Lychee-Pralinen mit Kokoscreme

Schwierigkeitsgrad: leicht, Zubereitungszeit: 20 Minuten

Zutaten für 6 Stück:

1 kleine Dose entsteinte Lychees (225 g), 50 g Kuvertüre, 3 Essl. Kokoscreme (Konserve), 120 g geröstete Kokosraspeln, 1½ Essl. Cognac, 3 Essl. Kokosraspeln

Zubereitung: Lychees abtropfen lassen, trockentupfen. Kuvertüre schmelzen, Kokoscreme, geröstete Kokosraspeln und Cognac einrühren. In einen Spritzbeutel mit glatter Tülle füllen und in die Lychees spritzen.

Krönung für die Kaffeetafel

Verführung am Nachmittag: Lychee-Pralinen. Rezept links

FRIANDISES
WINTER

Kirschrote Küsschen am Stiel

Süßigkeiten mit Henkel: Kirschen in Portweingelee. Rezept auf Seite 138

Freche Häppchen: Überbackene Melonenschiffchen mit Baiser. Rezept auf Seite 138

FRIANDISES WINTER

Kirschen in Portweingelee
Schwierigkeitsgrad: mittelschwer
Zubereitungszeit: 30 Minuten plus Gelierzeit

Zutaten für 18 Stück:
18 schwarze Kirschen mit Stiel, 6 Blatt weiße und 2 Blatt rote Gelatine, 0,4 l roter Portwein, 100 g rotes Johannisbeergelee, 100 g Zucker, ¼ Teel. abgeriebene Zitronenschale, 2 Spritzer Tabasco

Zubereitung: Kirschen waschen und trockenreiben. Gelatine in Portwein einweichen. Johannisbeergelee bei kleiner Hitze flüssig werden lassen. Eingeweichte Gelatine (mit dem Portwein), Zucker und Zitronenschale zufügen. Erwärmen, bis die Gelatine vollständig aufgelöst ist. Mit Tabasco abschmecken.

Mit einem Teil des Gelees einen ½ cm hohen Spiegel in eine Eiswürfelform (möglichst aus Metall) gießen. Im Kühlschrank fest werden lassen. In jedes Fach eine Kirsche setzen. Das restliche, inzwischen fast erstarrte Gelee schaumig aufschlagen und über die Kirschen in die Eiswürfelform gießen. Alles im Kühlschank vollständig erstarren lassen. Vor dem Servieren die Eiswürfelform kurz in heißes Wasser halten und die Geleefrüchte vorsichtig herausheben.

Überbackene Melonenschiffchen
Schwierigkeitsgrad: leicht
Zubereitungszeit: 30 Minuten

Zutaten für 6 Stück:
1 kleine, festreife Zuckermelone (am besten eine Kantalup- oder Honigmelone), 2 Essl. Kirschwasser, 4 Essl. pürierte Erdbeeren, 1 Eiweiß, 50 g Zucker

Zubereitung: Melone halbieren, Kerne entfernen. Mit einem Kugelausstecher 18 Kugeln aus dem Fruchtfleisch stechen.

Fruchtkugeln mit Kirschwasser und Erdbeerpüree 15 Minuten marinieren. Aus der Melonenschale 6 Schiffchen schneiden. Je drei Kugeln nebeneinander in die Schiffchen setzen. Eiweiß und Zucker zu Baiser (Schaummasse) schlagen. Baiser auf den Melonenkugeln verteilen. Unter dem Grill kurz gratinieren.

Pfirsich mit Portwein-Mayonnaise
Schwierigkeitsgrad: leicht, Zubereitungszeit: 30 Minuten

Zutaten für 12 Stück:
3 vollreife Pfirsiche (ersatzweise Nektarinen oder Aprikosen), 3 Essl. Mayonnaise, 3 Essl. roter Portwein, 2 Prisen Cayennepfeffer, 2 Essl. brauner Zucker

Zubereitung: Pfirsiche entkernen und vierteln. Mayonnaise, Portwein und Cayennepfeffer verrühren. Die Fruchtspalten mit der Hautseite nach unten auf Backpapier legen, mit Portwein-Mayonnaise bestreichen und mit Zucker bestreuen. Unter dem Grill gratinieren. Lauwarm servieren.

Gratinierte Softies zum Aufgabeln

Aufsehenerregende Kombination: Pfirsich mit Portwein-Mayonnaise. Rezept links

FRIANDISES WINTER

Geeiste Rosmarin-Erdbeeren
Schwierigkeitsgrad: leicht, Zubereitungszeit: 20 Minuten plus Kühlzeit

Zutaten für 12 Stück:
12 mittelgroße Erdbeeren (etwa 200 g),
12 kleine Rosmarinzweige,
50 g weiße Kuvertüre

Zubereitung: Gewaschene Erdbeeren entstielen und trockentupfen. Die Rosmarinzweige möglichst tief in die Erdbeeren stecken, damit die Früchte das Aroma aufnehmen. Im Tiefkühler etwa 30–40 Minuten kühlen. Die Früchte sollten nicht durchfrieren, aber eine leicht vereiste Oberfläche bekommen.

Kuvertüre im Wasserbad schmelzen, dabei 30 Grad nicht überschreiten. In ein Pergamenttütchen mit abgeschnittener Spitze füllen und auf die Erdbeeren ein zartes Gitter spritzen.

Feigen im Mantel
Schwierigkeitsgrad: leicht
Zubereitungszeit: 30 Minuten plus Marinierzeit

Zutaten für 12 Stück:
3 mittelgroße Feigen, 2 Essl. Puderzucker,
4 Essl. Kirschwasser, ausgeschabtes Mark
von 1 Vanilleschote, 3 rechteckige Filoteig-Blätter
(frisch aus griechischen oder türkischen
Lebensmittelgeschäften oder tiefgekühlt),
20 g flüssige Butter, Puderzucker zum Bestäuben

Zubereitung: Feigen schälen und vierteln. Puderzucker, Kirschwasser und Vanillemark mischen. Feigen mit der Schnittfläche einlegen und 30 Minuten marinieren. Filoteig ausbreiten. Mit flüssiger Butter bepinseln. Teigblätter vierteln. Feigen abtropfen lassen und luftig mit Teig umhüllen. Auf Backpapier legen und bei 200 Grad goldbraun backen. Mit Puderzucker bestäuben und heiß oder lauwarm servieren.

Beerenschiffchen mit Marzipan-Creme
Schwierigkeitsgrad: leicht, Zubereitungszeit: 45 Minuten plus 30 Minuten Ruhezeit

Zutaten für 18 Stück:
Teig: 65 g Mehl, 1 Teel. Zucker,
20 g Butter, 1–2 Essl. Wasser, Fett für die
Förmchen, Mehl zum Ausrollen
Füllung: 40 g Rohmarzipan, 3 Essl. Sahne,
1 Eigelb, 50–60 g gemischte Beeren,
Zucker zum Bestreuen

Zubereitung: Teigzutaten zu einem glatten Teig verarbeiten. Abgedeckt 30 Minuten ruhen lassen. Schiffchen-Backformen einfetten und dicht nebeneinander stellen. Den Teig auf wenig Mehl dünn ausrollen, locker auf die Schiffchen legen und mit der Kuchenrolle leicht überrollen. Überstehende Teigränder entfernen.

Marzipan mit Sahne und Eigelb vermischen. Die Creme in die Schiffchen verteilen, mit Beeren belegen. Bei 200 Grad in etwa 20 Minuten goldbraun backen. Heiß mit Zucker bestreuen. Lauwarm oder kalt servieren.

Köstliches Marzipan an Bord

Fruchtig-süße Ladung: Beerenschiffchen. Rezept links

Mit Salz und Zucker, Essig und Öl lassen sich Früchte und Gemüse viele Wochen lang **konservieren**. Aus Rhabarber und Birnen werden zeitlose Beilagen mit pikanter Note, Tomaten und Johannisbeeren können jederzeit Gerichte würzen, und Blüten aus dem Garten bereiten noch im Winter Freude – etwa in Zucker oder Essig eingelegt. Alle diese **Delikatessen** in Gläsern halten sich im kühlen Keller bis zu sechs Monate. Nach dem Öffnen in den Kühlschrank stellen und so schnell wie möglich aufbrauchen!

5. JAHRESZEIT

Gute Gefäße: Flaschen und Weckgläser mit Bügelverschluss

EINGEMACHTES

5. JAHRESZEIT

Kapuzinerkresse – in Essig verewigt

Pikantes Zweierlei: Essig mit Blüten und „falsche Kapern". Rezepte auf Seite 146

Die dekorativen Blüten der *Kapuzinerkresse* und ihre Früchte schmecken scharf und pfeffrig

EINGEMACHTES
5. JAHRESZEIT

Essig mit Kapuzinerkresse
Schwierigkeitsgrad: leicht
Zubereitungszeit: 15 Minuten
plus Ruhezeit

Zutaten für 0,5 Liter:
3–4 aufgeblühte Blüten von der Kapuzinerkresse (aus biologischem Anbau oder ungespritzt aus eigenem Garten), 0,5 l Weinessig, 1 geschälte Knoblauchzehe, 1 Schalotte, 1 kleine rote Chilischote, Salz

Zubereitung: Blüten in eine Flasche stecken. Weinessig mit den Gewürzen mischen und über die Blüten gießen. Flasche verschließen. 14 Tage ziehen lassen. Etwa 6 Monate haltbar.

Verwendung: Für Salatsaucen und Vinaigrettes.

Kapuziner Kapern
Schwierigkeitsgrad: leicht
Zubereitungszeit: 15 Minuten

Zutaten für 2 Gläser (je 0,1 l Fassungsvermögen):
30 g Blütenknospen und unreife Früchte der Kapuzinerkresse (aus biologischem Anbau oder ungespritzt aus eigenem Garten), 0,15 l Weinessig, 1 Prise Meersalz, 9 Pfefferkörner, 3 kleine Lorbeerblätter, 3 Pimentkörner

Zubereitung: Knospen und Früchte in Gläser füllen. Essig mit den Gewürzen abschmecken und darüber gießen. Gläser gut verschließen. Etwa 6 Monate haltbar.

Verwendung: Wie Kapern in gebundenen hellen Saucen zu Fleisch oder Fisch, in Salaten und zu Vorspeisen.

Würzige Essigfrüchte
Schwierigkeitsgrad: leicht
Zubereitungszeit: 50 Minuten

Zutaten für etwa 1,5 Kilo:
600 g kleine reife Pfirsiche, 500 g kleine feste Birnen, 500 g kleine feste Pflaumen, 1 Essl. Pimentkörner, 1 Essl. Nelken, 1 Essl. Koriandersamen, 0,7 l Weißweinessig, 1 kg Zucker

Zubereitung: Nur einwandfreie, festreife Früchte verwenden. Früchte waschen und trockenreiben. Birnenblüten herausschneiden. Birnen schälen und halbieren oder ungeschält ganz lassen. Pfirsiche und Pflaumen ganz lassen.
Gewürze, Essig und Zucker aufkochen, bis der Zucker aufgelöst ist. Birnen einlegen. Nach 5 Minuten Pfirsiche, nach weiteren 5 Minuten Pflaumen zufügen. 3 Minuten weiter pochieren, bis die Früchte weich sind.
Die Früchte mit einem Schaumlöffel herausheben und in Weckgläser füllen. Die Flüssigkeit im offenen Topf sprudelnd kochen, bis die Konsistenz leicht sirupartig ist. In die Weckgläser über das Obst gießen und die Gläser sofort verschließen. Etwa 4–5 Monate haltbar. Tipp: Für dieses Rezept eignen sich auch Aprikosen, Süß- und Sauerkirschen, Renetten mit Schale, Reineclauden und Mirabellen.

Verwendung: Als Beilage zu Pasteten, gebratenem und gegrilltem Fleisch sowie für belegte Brote.

Saure Früchtchen auf Vorrat

Würzige Beilagen: in Essig eingelegte Pfirsiche, Birnen und Pflaumen. Rezept links

EINGEMACHTES

5. JAHRESZEIT

Rote Sauce für alle Fälle

Passt zu Pudding und Pastete: Johannisbeersauce. Rezept auf Seite 150

Blanchieren macht das Gemüse biegsam: gemischte Bohnen mit Minze. Rezept auf Seite 150

EINGEMACHTES
5. JAHRESZEIT

Johannisbeersauce
Schwierigkeitsgrad: leicht
Zubereitungszeit: 35 Minuten

Zutaten für etwa 0,4 Liter:
500 g rote Johannisbeeren,
250 g schwarze Johannisbeeren, 1½ Teel.
schwarze Pfefferkörner, 5 Pimentkörner,
125 g Waldhonig, 15 g geriebener frischer Ingwer,
1 Teel. Dijon-Senf, 60 g Gelierzucker

Zubereitung: Beeren waschen und mit einer Gabel abstreifen. 1 Tasse rote Johannisbeeren beiseite stellen. In einem großen, säurebeständigen Topf Beeren, Pfeffer und Pimentkörner, Honig, Ingwer, Senf und Gelierzucker mischen. Unter Rühren erhitzen und 4 Minuten sprudelnd kochen. Durch ein Sieb streichen, dann nochmals aufwallen lassen. Restliche Beeren in Flaschen verteilen. Heiße Sauce sofort darauf gießen, Flaschen fest verschließen. Etwa 6 Monate haltbar.

Verwendung: Zum Verfeinern von Kompott, zu Flammerie und Pudding, zu Pasteten und Gegrilltem.

Rhabarber-Pickles
Schwierigkeitsgrad: mittelschwer
Zubereitungszeit: 40 Minuten plus Ruhezeit

Zutaten für 2 Liter:
1 kg Rhabarber, 300 g Zucker, 1 l weißer
Essig, 2 Zimtstangen (je 10 cm lang), 20 Nelken,
80 g frischer Ingwer, 2 Muskatblüten,
1 Essl. Senfkörner

Zubereitung: Rhabarber waschen, trocknen und in Stücke schneiden. Mit Zucker mischen und in ein säure- und hitzebeständiges Gefäß geben. Essig, 0,2 l Wasser und Gewürze aufkochen und über den Rhabarber geben. 24 Stunden stehen lassen. Flüssigkeit abgießen, 10 Minuten kochen lassen und erneut über den Rhabarber gießen. Abgedeckt über Nacht stehen lassen. Rhabarber abgießen, die Flüssigkeit noch einmal kräftig aufkochen. Rhabarber vorsichtig zufügen und erhitzen, aber nicht kochen. Erkalten lassen und abfüllen. Luftdicht verschließen. Etwa 6 Monate haltbar.

Verwendung: Zu Braten oder kaltem, gekochtem Fleisch, zu gebratenem oder gegrilltem Fisch, zu Pasteten.

Gemischte Bohnen mit Minze
Schwierigkeitsgrad: leicht, Zubereitungszeit: 40 Minuten plus Einkochzeit

Zutaten für 6 Gläser (je 1 l Fassungsvermögen):
750 g grüne Bohnen, 750 g Wachsbohnen,
750 g Schneidebohnen, krause oder glatte Minze
(je Glas ein kleiner Stengel)

Zubereitung: Bohnen waschen, Stiel- und Blütenansätze abschneiden. Schneidebohnen in Streifen schneiden. Bohnen blanchieren (in kochendes Wasser geben, einmal aufkochen und kalt abschrecken). Bohnen mit gewaschener Minze in Gläser schichten. Die Gläser dabei nur zu drei Viertel füllen. Mit kaltem Wasser bedecken. Nasse Gummiringe auf die sauberen und fehlerfreien Weckglas-Ränder legen, mit Deckel und Klammer verschließen. Zum Sterilisieren kaltes Wasser in eine Fettfangschale (tiefes Backblech) füllen, maximal 6 Gläser hineinstellen. Die Gläser dürfen sich nicht berühren. Auf unterster Schiene in den kalten Ofen schieben. Bei 175 Grad Heißluft 30–40 Minuten sterilisieren. Temperatur auf 100 Grad reduzieren und weitere 60 Minuten sterilisieren. Aus dem Ofen nehmen. Gläser zum Abkühlen mit einem Tuch bedecken. Nach dem Erkalten nochmals prüfen, ob die Gläser fest verschlossen sind. Etwa 6 Monate haltbar.

Verwendung: Als Vorspeise mit Essig, Öl und Petersilie, in Butter geschwenkt als Gemüsebeilage, zu Gemüsemischungen und Eintöpfen.

Jederzeit Rhabarber genießen

Essig und Zucker machen ihn haltbar: Rhabarber mit Ingwer. Rezept links

Löwenzahnhonig

Schwierigkeitsgrad: leicht
Zubereitungszeit: 1¼ Stunden plus Ruhezeit

Zutaten für etwa 1 Liter:

25 Blüten vom Herbstlöwenzahn (weitab von befahrenen Straßen selbst gepflückt), 1 kg Zucker, 1 in hauchfeine Scheiben geschnittene Zitrone

Zubereitung: Blüten unter fließend kaltem Wasser waschen. 30 Minuten in 1 l Wasser kochen, über Nacht stehen lassen. Durch Filterpapier abgießen, dabei das Wasser auffangen. Wasser mit Zucker und Zitrone im offenen Topf etwa 20–30 Minuten sprudelnd kochen, bis die Masse etwas dünner ist als flüssiger Honig. Gelierprobe: einen Tropfen auf kaltes Porzellan fallen lassen. Nach dem Erkalten zeigt sich der Gelierzustand. Wenn die Masse noch zu dünn ist, noch etwas länger kochen. In Gläser füllen, gut verschließen. Etwa 3–4 Monate haltbar.

Verwendung: Zu Crêpes und Pfannkuchen, als Brotaufstrich oder zum Süßen von Obstsalat und Kompott.

Hagebutten-Tomaten-Konfitüre

Schwierigkeitsgrad: mittelschwer
Zubereitungszeit: 25 Minuten plus Einweich- und Kochzeit

Zutaten für etwa 600 Gramm:

750 g grüne Tomaten (beim Gemüsehändler bestellen), 250–300 g Hagebuttenmark ohne Zucker (in Feinkostläden erhältlich), 500 g Zucker, 1 Vanillestange

Zubereitung: Tomaten waschen, Stielansätze herausschneiden. Grob hacken und mit dem Hagebuttenmark mischen. Zucker in einem Topf unter Rühren so lange erhitzen, bis er hellbraun und krümelig ist. Gemüsemischung zufügen. 5–7 Minuten sprudelnd kochen. Gelierprobe: einen Tropfen Konfitüre auf kaltes Porzellan fallen lassen. Für eine festere Konsistenz noch länger kochen. Konfitüre in Gläser füllen. Sofort fest verschließen. Etwa 6 Monate haltbar.

Verwendung: Zu süßen Mehlspeisen, Pudding und Flammerie sowie als Brotaufstrich.

Getrocknete Tomatenpaste

Schwierigkeitsgrad: leicht, Zubereitungszeit: 30 Minuten plus Abtropf- und Trockenzeit

Zutaten für etwa 600 Gramm:

3 kg reife Flaschen- oder Roma-Tomaten, 100 g Meersalz, 2 Essl. gehackte Kräuter (Thymian, Rosmarin, Salbei, Oregano), 0,12 l Olivenöl

Zubereitung: Tomaten häuten. Quer halbieren, Kerne herausdrücken. Tomaten je nach Reife zerdrücken oder hacken und mit Meersalz mischen. Auf einem Mulltuch über Nacht abtropfen lassen. Am nächsten Tag die Tomaten aus dem Tuch kratzen, mit Kräutern mischen und auf Porzellanteller streichen. Entweder in der Sonne oder im Backofen bei 75–80 Grad trocknen, bis sich keine stehende Flüssigkeit mehr bildet und die Tomaten trocken, aber geschmeidig sind. Tomatenpaste in Gläser füllen und mit Olivenöl aufgießen. Gläser fest verschließen. 3–4 Monate haltbar. Tipp: Beim Kochen mit der Paste kein zusätzliches Salz verwenden.

Verwendung: Als Würzpaste für Tomatensauce, Kartoffelgerichte oder Pasta, als dünner Aufstrich für Crostini, zum Abrunden von Bratensaucen.

Feine Schätze aus dem Keller

Alleskönner: Würzpaste aus getrockneten Tomaten. Rezept links

REGISTER

B
Backpflaumenkuchen	106
Bärenkrebse, Schwänze von	50
Beerencocktail, Schokoladenkuchen mit Sauerrahm und	58
Beerenschiffchen mit Marzipan-Creme	140
Blätterteig, Calvados-Renetten auf	106
Blini mit Wildkräutern	42
Blutorangen-Salat mit Koriander	130
Blutwursttaschen mit Parmesan	24
Bohnen, gemischt, mit Minze	150
Brioche-Kruste, Ochsenfilet in der	116
Brunnenkresse, Hummer mit	48

C
Calvados-Renetten auf Blätterteig	106
Cashew-Sauce, Gambas mit	52
Cedro-Relish	126
Chicorée-Salat mit Ricotta	18
Chutney, Zitronen-	126
Crostini mit gekräuterter Rohkost	38

D
Datteln mit Espresso-Cremefüllung	134
Doppelfilets vom Hering im Teigmantel	80
Dorschkoteletts mit Muscheln	80

E
Erdbeeren, Rosmarin-, geeist	140
Espresso-Cremefüllung, Datteln mit	134
Espresso-Mohrenköpfe	106
Essig mit Kapuzinerkresse	146
Essigfrüchte, würzig	146

F
Feigen im Mantel	140
Feldsalat, Rote Bete und Fenchel mit	14
Fenchel, Rote Bete und Feldsalat mit	14
Fenchelgemüse, Schweinekarree mit	116
Fleischtarte mit Trockenfrüchten	94

G
Gambas mit Cashew-Sauce	52
Gebackener Rotbarsch mit Lebkuchen	86
Geeiste Rosmarin-Erdbeeren	140
Gefüllte Truthahnbrust	118
Gefüllter Lengfisch mit Provolone	82
Gegrillte Tiefseegarnelen	50
Gemischte Bohnen mit Minze	150
Gemüse, gedünstet, Warmer Salat von	14
Gemüsestrudel mit Schnittlauchrahm	28
Getrocknete Tomatenpaste	152
Grapefruit-Salat mit gebratenem Steinbutt	20
Gratinierte Schwarzwurzeln	92
Grüner Salat mit Portulak	38

H
Hagebutten-Tomaten-Konfitüre	152
Haselnuss-Meringe	108
Hefeplinsen mit Kompott	60
Heidelbeeren, Mandelkuchen mit	108
Herbstnocken mit Kürbis und Salbei	90
Hering, Doppelfilets, im Teigmantel	80
Himmel und Erde	94
Himmlische Torte mit roten Beeren	58
Honig, Löwenzahn-	152
Huhn, Wein-Sahne-Gelee mit Scampi und	36
Hummer mit Brunnenkresse	48
Hummer, überbacken	52

J
Johannisbeersauce	150

K
Käsefüllung, Krautwickel mit	98
Kalbfleisch, Sardellensalat mit	18
Kalbfleischnocken mit Tunfisch	68
Kalbfleischpäckchen mit Steinpilzen	74
Kalbsbraten	114
Kaltschale aus Stachelbeeren	62
Kaninchen, Limetten-	122
Kaninchen, sardisch	74
Kaninchensülze mit Vinaigrette	72
Kapern, Kapuziner	146
Kapuzinerkresse, Essig mit	146
Kapuziner Kapern	146
Karotten-Orangen-Suppe mit Kumquats	122
Kartoffelsalat mit Rauke	18
Kaviar, Steckrübenbratlinge mit	90
Kirschen in Portweingelee	138
Kokoscreme, Lychee-Pralinen mit	134
Kokosmilch, Maishähnchen in	70
Kokosmilchsauce, Makrele mit	84
Kompott, Hefeplinsen mit	60

Koriander, Möhrensuppe mit	36
Konfitüre, Hagebutten-Tomaten-	152
Kopfsalat, Leberspätzle mit	32
Koriander, Blutorangen-Salat mit	130
Krautwickel mit Käsefüllung	98

Ihr Haus an der Elbe ist von **Licht** durchflutet, am langen Esstisch kann die **Produzentin** Frauke Koops ihr ganzes Team empfangen

Kräuterkäse mit geriebenen Mandeln	38
Kräuter-Ravioli mit Lachs und Ziegenkäse	30
Kräuter-Sardellen	42
Kürbis, Herbstnocken mit	90
Kumquats, Karotten-Orangen-Suppe mit	122

L

Lachs, Kräuter-Ravioli mit Ziegenkäse und	30
Lachs, Salat von gebratener Poularde mit	72
Leber karibisch	126
Leberspätzle mit Kopfsalat	32
Lebkuchen, Gebackener Rotbarsch mit	86
Lengfisch, gefüllt, mit Provolone	82
Limetten-Kaninchen aus der Pfanne	122
Löwenzahnhonig	152
Lorbeer, Meeraal-Spieß mit	82
Lychee-Pralinen mit Kokoscreme	134

M

Maishähnchen in Kokosmilch	70
Makrele mit Kokosmilchsauce	84
Mandelkrokant-Füllung, Quarkknödel mit	62
Mandelkuchen mit Heidelbeeren	108
Mandeln, gerieben, Kräuterkäse mit	38
Mariniertes Stubenküken	68
Maronen, Sellerie mit	92
Marzipan-Creme, Beerenschiffchen mit	140
Mascarpone-Schokoladen-Torte	102
Mayonnaise, Portwein-, Pfirsich in	138
Meeraal-Spieß mit frischem Lorbeer	82
Mehlteignocken mit Pancetta und Rucola	24
Melonenschiffchen, überbacken	138
Meringe, Haselnuss-	108
Minze, Gemischte Bohnen mit	150
Möhrensuppe mit Koriander	36
Mohn-Schwarzbrot-Torte mit Vanillecreme	102
Mohrenköpfe, Espresso-	106
Muscheln, Dorschkoteletts mit	80

N

Norwegische Rehkeule	114

O

Ochsenfilet in der Brioche-Kruste	116
Orangen-Karotten-Suppe mit Kumquats	122

P

Parmesan, Blutwursttaschen mit	24
Pecorino-Kruste, Roastbeef mit	118
Perlhuhn in Pergament	70
Pfirsich in Portwein-Mayonnaise	138
Physalis, Schokoladenhütchen mit	134

REGISTER

Pickles, Rhabarber-	150
Pomeranzen in Sirup	130
Portulak, Grüner Salat mit	38
Portweingelee, Kirschen mit	138
Portwein-Mayonnaise, Pfirsich in	138
Poularde, gebraten, Salat von, mit Lachs	72
Pralinen, Lychee-, mit Kokoscreme	134
Preiselbeer-Vinaigrette, Rote Bete mit	98
Provolone, Gefüllter Lengfisch mit	82

Q

Quarkknödel mit Mandelkrokant-Füllung	62

R

Rehkeule, norwegisch	114
Relish, Cedro-	126
Renetten, Calvados-, auf Blätterteig	106
Rhabarbergrütze mit Walderdbeeren	60
Rhabarber-Pickles	150
Ribele in Rote-Bete-Bouillon	28
Ricotta, Chicorée-Salat mit	18
Roastbeef mit Pecorino-Kruste	118
Rohkost, gekräutert, Crostini mit	38
Rosmarin-Erdbeeren, geeist	140
Rotbarsch, gebacken, mit Lebkuchen	86
Rote Bete mit Fenchel und Feldsalat	14
Rote Bete mit Preiselbeer-Vinaigrette	98
Rote Bete-Bouillon, Ribele mit	28
Rotkohlsalat mit Koriander	20

S

Salat, Blutorangen-, mit Koriander	130
Salat, Grapefruit-, mit gebratenem Steinbutt	20
Salat von gebratener Poularde mit Lachs	72
Salbei, Herbstnocken mit Kürbis und	90
Salbeibutter, Spätzle in	32
Sardellen, Kräuter-	42
Sardellensalat mit Kalbfleisch	18
Sardisches Kaninchen	74
Scampi, Wein-Sahne-Gelee mit Huhn und	36
Schnittlauchrahm, Gemüsestrudel mit	28
Schokoladenhütchen mit Physalis	134
Schokoladenkuchen mit Beerencocktail und Sauerrahm	58
Schokoladen-Mascarpone-Torte	102
Schwarzbrot-Mohn-Torte mit Vanillecreme	102
Schwarzwurzeln, gratiniert	92
Schweinekarree mit Fenchelgemüse	116
Seezungen-Röllchen auf Spinat	86
Sellerie mit Maronenfüllung	92
Spätzle in Salbeibutter	32
Spätzle, Leber-, mit Kopfsalat	32
Spätzle mit Käse und Oregano	32
Stachelbeeren, Kaltschale aus	62
Steckrübenbratlinge mit Kaviar	90
Steinbutt, gebraten, Grapefruit-Salat mit	20
Steinpilze, Kalbfleischpäckchen mit	74
Stubenküken, mariniert	68

T

Taschenkrebse, überbacken	48
Teigmantel, Hering-Doppelfilets im	80
Tiefseegarnelen, gegrillt	50
Tomaten-Hagebutten-Konfitüre	152
Tomatenpaste, getrocknet	152
Torte, Himmlische, mit roten Beeren	58
Trockenfrüchte, Fleischtarte mit	94
Truthahnbrust, gefüllt	118
Tunfisch, Kalbfleischnocken mit	68
Tunfisch mit Koriandergrün	84

U

Überbackene Melonenschiffchen	138
Überbackene Taschenkrebse	48
Überbackener Hummer	52

V

Vanillecreme, Schwarzbrot-Mohn-Torte mit	102

W

Walderdbeeren, Rhabarbergrütze mit	60
Warmer Salat von gedünstetem Gemüse	14
Weinnudeln mit dreierlei Dips	30
Wein-Sahne-Gelee mit Huhn und Scampi	36
Würzige Essigfrüchte	146

Z

Zieger Käse, Kräuter-Ravioli mit Lachs und	30
Zitronen-Chutney	126

Kehraus im Garten: Das nächste
Küchenjahr kann kommen!

1) **Jürgen Fendt** sucht im Spitzenrestaurant „Bareiss" in Baiersbronn die passenden Weine zur Küche von Chefkoch Claus-Peter Lumpp aus. In diesem Buch gab er Tipps zu den luxuriösen Gerichten mit Krustentieren.

2) **Stéphane Gass** ist Sommelier bei Harald Wohlfahrt in der „Schwarzwaldstube" (Hotel „Traube Tonbach") in Baiersbronn. Der

Elsässer empfahl die Weine zu den festlichen Braten-Rezepten.

3) **Christine Heidel** und ihr Ehemann, Küchenchef Klaus Heidel, sind die Gastgeber im Restaurant „L'Etoile" in Eutin. Die Sommelière von der Ostsee weiß, welche Weine gut zu fangfrischen Seefischen passen.

4) **Ursula Heinzelmann** ist Weinberaterin in Berlin. Zu den sommerlichen Gerichten mit Beeren gab sie originelle Tipps vom Vin Santo über edelsüße Auslesen bis zum Port.

5) **Nils Hoyer** arbeitet im Hamburger Hotel „Vier Jahreszeiten". Im Restaurant „Haerlin" berät er die Gäste bei der Weinauswahl. Für dieses Buch gab er Empfehlungen zu den Rezepten mit Herbstgemüse ab.

6) **Frank Kämmer** ist Sommelier im Restaurant „Délice" in Stuttgart. Der Master Sommelier hat die Weine zu Frauke Koops' Kreationen mit Zitrusfrüchten empfohlen.

7) **Renaud Kieffer** sorgt mit seinem Bruder Fabrice für die Weinberatung in der „Resident Heinz Winkler" in Aschau. Der Elsässer hatte pfiffige Antworten auf die leichten Gerichte mit Kalb und Geflügel.

8) **Bernd Kreis** rät den Gästen von Patron Vincent Klink in der Stuttgarter „Wielandshöhe" zu spannenden Gewächsen. Der Sommelier und Weinhändler suchte die passenden Weine zum Thema Teigwaren aus.

9) **Marie-Helen Krebs** ist Sommelière im Restaurant „Alte Sonne" in Ludwigsburg. Für dieses Buch gab sie süße Weinempfehlungen zum Kapitel Dessertkuchen.

10) **Hendrik Thoma** ist für den Weinkeller im Hotel „Louis C. Jacob" in Hamburg zuständig. In „Jacobs Restaurant" schätzen die Gäste seine Kompetenz. Der Master Sommelier gab Weintipps für die Kräuterküche.

11) **Natalie Lumpp** arbeitet als selbstständige Weinberaterin in Baden-Baden. Zu den Salatrezepten in diesem Buch empfahl sie frühlingsfrische Weißweine.

SOMMELIERS

IMPRESSUM

Rezepte und Produktion
Frauke Koops

Fotos
Ulrike Holsten

Grafik-Design
Andrea Späth

Redaktion
Bettina Billerbeck

Lektorat
Cornelia Sahling

Versuchsküche
Heide Günter

Kochassistenz
Rosi Oltersdorf
Birgit Paasch
Ute Ritter

Foto-Assistenz
Sebastian Engels
Anne Freidanck
Ulrike Jürgens

Requisite
Kirstin Schmidt
U. Hussmann-Dilger (Kapitel „Friandises")

Produktion
Markus Plötz

Repro
Repro Schmidt, Dornbirn

Druck
Appl, Wemding

Fotos (Ulrike Holsten und Frauke Koops):
Anne Freidanck (6), Knut Koops (1), Andrea Kruse (1)

Fotos (Sommeliers):
Bolk (1), Brettschneider (2), Schöne/Zeitenspiegel (1), Wrage (2)

Printed in Germany
ISBN 3-7742-3091-9

Auflage 6. 5. 4. 3. 2. 1.
Jahr 2004 2003 2002 2001

© DER FEINSCHMECKER, Jahreszeiten Verlag, Hamburg
© Gräfe und Unzer Verlag GmbH, München
Alle Rechte vorbehalten. Nachdruck, auch auszugsweise, sowie Verbreitung durch Film, Funk und Fernsehen, durch fotomechanische Wiedergabe, Tonträger und Datenverarbeitungssysteme jeder Art nur mit schriftlicher Genehmigung des Verlages.